SPORTS LITERACY

スポーツリテラシー

早稲田大学スポーツナレッジ研究会 編

刊行にあたって

　本書は、早稲田大学スポーツナレッジ研究所が 2013 年から 2014 年にかけて開催した研究会の成果である。本研究所は 2011 年に発足、初年度は「スポーツマネジメント教育」、次年度は「スポーツとグローバリゼーション」をテーマに定め研究会を行い、その成果をそれぞれ『スポーツマネジメント教育の課題と展望』『グローバル・スポーツの課題と展望』（共に創文企画）として発表した。本書はそれに続く第 3 弾として「スポーツリテラシー」をテーマに据えた研究会の内容をまとめたものである。

　研究会を始めることになったものの「スポーツリテラシー」という言葉もその概念も未だ一般的なものではなく、また使用されている例もほとんど見当たらないため、私も含め研究会のメンバーは手探りの気持であった。そのためにまず「リテラシー」について他の先行している分野の例を学習する必要があるという問題意識から、最初のスピーカーとして伊藤宏一氏に「リテラシーとケイパビリティ─金融教育のケース」をお願いすることになった。私自身は「メディアリテラシー」からの推察で、リテラシーとは「スポーツについて様々な視点から批判的に思考する」といった意味ではないかと考えていたのだが、伊藤氏の講演を聞くうちにリテラシーという概念の予想をはるかに超える奥深さと厚み、その広がりに驚くと同時に、これはスポーツの様々な領域で生かすことができるに違いないという強い認識を持った。またリテラシーとは静的なものではなく問題意識に応じてその概念が拡張的に変化する動的なものであり、金融においては既に「ケイパビリティ」という新たな概念に更新され、現実に使用されているということを知り、スポーツの世界がいかに遅れているか、ということを再認識せざるを得なかった。伊藤氏の話は参加したメンバー全員に「スポーツリテラシー」という概念に取り組む事の重要性と必要性を確信させたように思う。この本を読まれる方にも、リテラシーという概念を理解するために、またそれが実際の社会の中でどの様に展開されているかを知るためにも、まずは伊藤氏のものから読み始めることをお勧めする。

一方、光武誠吾氏が「情報化社会におけるヘルスリテラシーの研究動向」の中でNutbeamが提唱するヘルスプロモーションの成果として「機能的ヘルスリテラシー」「相互作用的ヘルスリテラシー」「批判的ヘルスリテラシー」というものを紹介しているが、この考え方の基礎になっているであろうと思われるのが、アメリカの教育学者であるヘンリー・ジルーが「リテラシー、イデオロギーと学校の政治学」の中で述べているリテラシーの教育である。私はこの3つのリテラシーの分類は上に述べたようなリテラシーの概念が拡張される構造やその背景を理解する上で大変参考になるものではないかと考える。以下、この事について教育学者の佐藤学が「リテラシーの概念とその定義」（教育学研究70（3），292-301，2003-09-30，日本教育学会）で述べているものを引用しながら簡単に紹介してみたい（イデオロギーという言葉に違和感を覚えるかもしれないが、佐藤はリテラシー教育が教育改革の議論と政策をめぐる論争の一つであり、価値中立ではあり得ないと述べている）。

　ジルーはリテラシー教育に対してのアプローチを「道具的イデオロギー」「相互作用イデオロギー」「再生産イデオロギー」の3つに分類している。
「道具的イデオロギー」とはリテラシーの基礎である読み書きの能力を、「道具的機能」と位置付ける。つまりそれは技能の集合体であり、歴史や文化や社会からは切り離された価値中立的で機械的な思考や活動の道具であるとする考え方である。これは自然科学を規範とする実証主義的な科学イデオロギーを基礎にしており、この見方に立てば知識やその知識を活用する技能は本人や本人の経験の外部に道具のごとく客観的に存在するものとされるのである。そしてこの考え方はその必然として、機械的反復練習による技能の習得と定着を求めるものになる。この様に「道具的イデオロギー」のリテラシー教育は社会的効率主義のカリキュラム理論と行動主義の学習理論の所産であり、その支配的な影響は今日も持続しているのである。
　次に「相互的イデオロギー」のリテラシー教育の特質は、「道具的イデオロギー」が知識や技能を学習者の外部に客観的に存在するものと指定していたのに対して、それを否定し、それらは学習者と対象世界との相互作用の所産であるとし、社会的に構成された産物であると見做している所に有る。知識も技能もその様々な「意味のネットワーク」により歴史的伝統に根ざしており、その

学習は学習者と文化財の相互作用によって学習者が主体的に意味を構成する活動として性格付けられる。これは歴史的伝統を継承する人文主義の世界への参加であり、テキストを媒介とする文化的意味の構成であり、自由社会における主体形成そのものであるとし、その典型がリベラル・アーツの教育の伝統に在るとする。しかし一方でリベラル・アーツの伝統に基づくリテラシー教育は学習者における真正性と自立性を尊重するためエリート主義やロマン主義へ傾斜し、時に文化的保守主義に傾斜する傾向があるとしている。

　そして第3のアプローチが「再生産イデオロギー」によるリテラシー教育である。再生産理論は教育が階級や文化やジェンダー等、権力の再生産過程として機能している事実を暴き出し、日常的な教育実践の中において無意識的に機能する差別や選別や排除について解明してきた。「再生産イデオロギー」においてリテラシーは「文化資本」として定義されているが、リテラシー教育とは家族が保有する文化資本、学校が社会との交渉において機能させる「象徴権力」としての文化資本の再生産過程なのである。この教育における文化再生産、もしくは社会再生産の機能と構造を考察し、その再生産過程に派生する様々な矛盾、葛藤、抵抗などに正面から向き合い、絶えず意識化を続けることにより、その先にある『批判的リテラシー』を構築してゆくことができるのである。

　ここまでの「リテラシー」や「リテラシー教育」または「教育」という言葉を「スポーツ」に置き換えて読んでみるとなかなか面白い。その人のスポーツに対する思考の立脚点が映し出されてくるのではないだろうか。「リテラシー」とはその対象を相対化することで思考を深化させるという事だけでなく、そのプロセスを通じて思考の主体をも対象化する概念なのだという事も、私がこの研究会を通じて学んだことである。

　とはいってもこれまでの研究会の基本姿勢「ポリフォニー」(多声音楽)は今回も健在である。研究会においては多様な専門領域の人々の様々な知見を自由にぶつけ合い、その中でそれぞれの個人が、豊富な気づきを得、更に思考を深め、それを文章にまとめ発表する。この本もスポーツリテラシーについて何らかの統一された方向性を示すことを目的とはしていない。読む人がそれぞれの問題意識に応じて思考を深めたり、参考にしたり、批判したり、混乱したり、とにかく興味を持ち、面白がってくれれば良い。その自由さが重要なのではな

いか。

　スポーツ・マネジメント、スポーツ・マーケティング、スポーツ・ファイナンス、スポーツ・公共政策、スポーツ・ガバナンス、スポーツ・ツーリズム…。経営の領域だけを見てもスポーツに関する研究分野は細分化しながらひたすら拡大を続けているようだ。それが社会の要請なのであり、またスポーツの価値の拡大にも繋がることは理解する。しかしそのような時だからこそ「そもそもスポーツって何だっけ？」「何故私はスポーツにこんなに拘るのか？」などのように、自分の思考を振り返りいったん停止させ、ギアをニュートラルに置いてみる必要もあるのではないだろうか。私には現在のスポーツアカデミーで交わされている言説はあまりにも視点が制限、限定され、それにもかかわらず（それゆえに？）結論を求めすぎているように感じられ、窮屈で息苦しい。もっとスポーツについて多様な視点からの正論、異論、反論、暴論に自分自身の思考を晒してみたほうが良いのではないか。

　「スポーツリテラシー」という概念は「今の結論はとりあえずのものでしかない。私はまだ解っていない。もっと違う意見を聞いてみよう。君と次に会うときはまた考えが変わっているかもしれないからよろしく」という事の大切さを教えてくれる。この本が読む人にいつもと違う刺激を与え、立ち止まり、そこに「脳の隙間」を作り出す助けになってくれたら幸いである。

2015 年 1 月

編集代表　　町田　光

スポーツリテラシー【目次】

刊行にあたって……1

第1章　スポーツリテラシーをめぐって……9

1　スポーツリテラシーの観点から日本のスポーツを考える
　（町田　光）……10
　　はじめに……10
　　1　「リテラシー」とはなにか……11
　　2　拡張するリテラシーの概念と「批判的リテラシー」……13
　　3　「スポーツリテラシー」をもって、日本のスポーツを考える……16
　　4　スポーツリテラシー教育……25
　　5　おわりに……28
2　スポーツ振興に資するスポーツリテラシーとは
　―生涯スポーツの視点から―（渋谷茂樹）……31
　　1　スポーツリテラシーとは……31
　　2　データからみえてくる課題……32
　　3　地域スポーツ現場のリテラシー……36
　　4　課題解決のためのスポーツリテラシー……39
　　5　おわりに……41
3　スポーツマネジメントのリテラシー（口置貴之）……43
　　1　スポーツチーム改革への取り組み……43
　　2　スポーツチーム経営の特殊性……54
　　3　スポーツのリテラシーとは……60
　　4　まとめ……63

第2章 他分野におけるリテラシー概念とその変容……65

4 リテラシーとケイパビリティ―金融教育のケース―（伊藤宏一）……66
   1 金融教育を廻る国内外の動向……66
   2 OECDの金融リテラシー概念……67
   3 金融リテラシーと金融ケイパビリティ……68
   4 英国FSAの金融ケイパビリティ概念のもう一つの視角……71
   5 センとヌスバウムのケイパビリティ概念……72
   6 金融経済教育研究会報告書の意義と課題……75
   7 クラウド・ファンディングと金融教育……77

5 情報化社会におけるヘルスリテラシーの研究動向（光武誠吾）……79
   1 ヘルスリテラシーが注目される背景……79
   2 ヘルスリテラシーの概念……80
   3 ヘルスリテラシーの評価方法……82
   4 eヘルスリテラシーの重要性……83
   5 eヘルスリテラシーの概念……84
   6 eヘルスリテラシーの評価方法……85
   7 eヘルスリテラシーの実証的研究……86
   8 おわりに……87

6 「スポーツ史」リテラシーの効用と歴史研究
　―イギリス・スポーツ史研究をふりかえる―（市橋秀夫）……90
   はじめに……90
   1 イギリス・スポーツ史研究の台頭：1950年代後半以降のイギリス社会の変化……91
   2 産業革命期のスポーツ史、レジャー史研究……93
   3 産業革命史理解とレジャー史・スポーツ史研究……95
   4 歴史学の概説書への浸透度……96
   5 スポーツ史家自身のスポーツ史批判……99
   6 スポーツ史の課題：ロス・マキビンの問題提起……101
   7 まとめ……103

第3章　メディアとスポーツリテラシー……107

- 7　メディアとリテラシー
  ―スポーツ報道とリテラシーを考える―（佐野慎輔）……108
  - 1　教訓を残した朝日新聞の報道……108
  - 2　メディアとリテラシー、そして教育……110
  - 3　日本のスポーツ報道のありよう……114
  - 4　早稲田でサッカーW杯報道について聞いた……117
  - 5　メディア・イベント、スポンサードと報道……121
  - 6　だから「メディアを疑え」なのである……124
- 8　メディアは日本のスポーツを良くしてきたのか（坂田信久）……126
  - はじめに……126
  - 1　メディアでスポーツを伝えること……127
  - 2　放送責任というテーマ……129
  - 3　テレビマンとしての使命……132
  - 4　ソフトのブランド化を目指して……135
- 9　スポーツファンに観戦能力は必要か？（松岡宏高）……138
  - 1　本稿の主旨……138
  - 2　観戦能力不足が問題視されている背景……138
  - 3　観戦動機から探る観戦能力の必要性……143
  - 4　まとめ……149

第4章　スポーツリテラシーの情報と言説……153

- 10　新しいスポーツ語りのために
  ―主体化するアスリートと労働者―（福田裕大）……154
  - 1　スポーツ言説の外部……154
  - 2　新しいスポーツ観：Jリーグのインパクト……155
  - 3　「プロフェッショナル」像の刷新……156

  4 プロの生存競争……157
  5 中田英寿という現象……158
  6 閑話休題……159
  7 働くこと、いまむかし……160
  8 働き手たちの開放……161
  9 労働力自由化の背景……162
  10 自由を飼う思惑……163
  11 新時代の権力：ソフトな管理技術……164
  12 おわりに：「自由」の外部への想像力……165

11 サッカーの得点を見る―確率思考の面白さ―（鷲崎早雄）……168
 はじめに……168
  1 サッカーとポアソン分布……170
  2 ポラードの結果……171
  3 クローチャの結果……173
  4 おわりに……176

終章……179

12 社会システムとしてのスポーツリテラシー（武藤泰明）……180
  1 概念枠組……180
  2 スポーツを「する」リテラシー……184
  3 スポーツを「支える」リテラシー……185
  4 スポーツを見るリテラシー……188

執筆者一覧……192

第1章

スポーツリテラシーをめぐって

1

スポーツリテラシーの観点から日本のスポーツを考える

町田　光（公益財団法人日本フラッグフットボール協会専務理事）

はじめに

　私がリテラシーという概念について考える事になったきっかけは2012年の夏、この本の編者である「早稲田大学スポーツナレッジ研究所」が開催する研究会の世話人を勤められていた武藤泰明氏から「来年の研究会のテーマをスポーツリテラシーにしようと考えているのですが、どう思われますか」と質問されたことであった。それまで私が知っている「リテラシー」を使用した言葉は「メディアリテラシー」だけであったが、初めて聞いた「スポーツリテラシー」という言葉に日本のスポーツの様々な問題を考えるための何か重要なカギが隠されているような直観が走り、その中身は良く解らないまま妙な興奮を覚え、即座に同意したのである。

　私にとって日本のスポーツも、またスポーツ自体も、常に私の外部にある未だに不思議な存在である。これらは日々向き合わねばならぬ存在であると同時に、常に対象化し、批評的に観ている少し距離感のある存在なのである。それは私が本格的なスポーツ競技経験がなく、スポーツ愛好家でもないにも関わらず、アメリカのプロスポーツリーグNFLの日本代表者という立場に長年有ったことによるものであろう。そんな視点から見る日本のスポーツは、一般社会の常識とはずいぶんと異なる思想や文化に支配される謎や疑問に満ちた世界であり、例えてみると、門構えは立派だが中に入ると様々に異なる時代のそれぞれ趣味が違う住人たちが勝手に増改築を加えた古いアパートのような感じで、少なくとも現代の風景に調和しているようには見えないのである。ビジネスの

観点から見ると、後に述べるように日本は人々がスポーツを必要とする国に急速に変貌している、つまりマーケットのディマンドが急拡大しているにも関わらず、スポーツ側がその意味を理解せず、適切な対応ができないために巨大な機会損失を続けているように見える。そのような問題意識、苛立ちが、現在大学で教鞭を執ったり、ここでこのようなことを書いている現在に繋がったのであるが、もともと研究者タイプではなく、頭の回転が遅く、人に相談することも苦手な私にはスポーツを考える上で自分の思考を導き、時にはモニターの役目をしてくれるガイドや物差しのようなものが常に必要なのである。

　今回スポーツリテラシーというテーマに向き合うことになり、手始めにリテラシーについてあれこれと文献を調べたりしてゆくうちにそれらに繋がるヒントの様なものを沢山発見することができた。私にとっては大変新鮮で重要なこれらの発見が、他の人々にも有益なのではないか、そしてそれは今後の日本のスポーツにおいても意味あるものになり得るのではないかと思い、「スポーツリテラシー」の解釈と、そこから見た日本のスポーツの課題について私の考えを述べてみたいと考えたのである。

（「日本のスポーツ」…という言い方がこの文章には頻発するが、それは私が日頃直接関わりを持ち、見聞きしているのが日本のスポーツだからであり、私が海外のスポーツに対する知識が豊富で、それと対比して言っているわけではない。また「日本のスポーツ」とはアスリート、コーチ、トレーナーなどの競技関係者、スポーツ統括組織、スポーツメディア、スポーツアカデミー等、いわゆる「日本のスポーツ界」全体を指している。）

1　「リテラシー」とはなにか

　リテラシーという言葉の意味について様々に調べて行くと、使用される領域や使用する人、その局面で様々に異なった解釈が見られ、極めて多義的であることが解る。例えば日本において最も一般的に理解されているリテラシーの意味は「識字能力」つまり対象の意味を理解、認識できる能力、というものであろうが、大辞林（第3版）では「読み書き能力。またある分野に関する知識やそれを活用する能力」と、より拡張された解釈を示している。更に上村は「情報社会のリテラシーに関する試論」の中で、「日本においてリテラシーは英語

第1章　スポーツリテラシーをめぐって

教育の一部として扱われてきたが、1960年代以降になって他教科の下支えをする基礎的能力と認識されるようになった」、と説明したうえで、現在ではリテラシーとは「社会に参加し、各自に与えられた役割を遂行するための能力」であり「社会に参加する人々に力（empowerment）を与える能力」とし、リテラシーをより積極的な概念であると主張している。

　ここで現代におけるリテラシーの概念について、より的確な理解と認識を行うために、様々な領域で現実的に「リテラシー」がどのように捉えられ、また定義されているのかを見てみたい。

　OECDによる「金融リテラシー」は「金融に関する健全な意思決定を行い、究極的には金融面での個人の良い暮らしを達成するために必要な、金融に関する意識、知識、技術、態度及び行動の総体」と定義されている。

　アメリカ国立教育統計センターは「科学リテラシー」を「個人としての意思決定、市民的・文化的な問題への参加、経済の生産性向上のために必要な、科学的概念・手法に対する知識と理解」としている。

　また、米国環境保護庁は「環境的リテラシー」を持った人を「生態系と社会・政治システムの両方を理解し、環境的な質の向上のために、その重要性を主張するあらゆる決定のために、その理解を適用しようとする意向を持つ」と説明している。

　そして「食のリテラシー」について「食に関する生産・流通・購入・加工・調理・摂食・破棄に関わる行動に関する知識と能力をいい、その知識と能力で食に関わる世界を自ら再定義することができる能力」というものを、美唄市教育委員会が紹介している。

　他方OECDが進める国際的な学習到達度調査PISA（Programme for International student Assessment）は「義務教育終了段階の15歳児が持っている知識や技能を、実生活の中でどの程度活用できるかを見るものであり、特定の学校カリキュラムをどれだけ習得しているかを見るものではない。思考プロセスの習得、概念の理解、および各分野の様々な状況の中でそれらを生かす力を重視」しているという。そしてそれらの具体的な調査として「数学的リテラシー」「科学的リテラシー」「読解リテラシー」の3点を行うがそれぞれを以下のように定義している。

1 スポーツリテラシーの観点から日本のスポーツを考える

「数学的リテラシー」とは「様々な文脈の中で定式化し、数学を適用し、解釈する個人の能力であり、数学的に推論し、数学的概念・手法・ツールを使って事象を記述し説明し、予測する力を含む。これは個人が世界において果たす役割を認識し、建設的で積極的、思慮深い市民に必要な確固たる基盤に基づく判断と決定を下す助けとなるものである」としている。

「科学リテラシー」は「疑問を認識し、新しい知識を習得し、科学的な事象を説明し科学が関連する諸問題について証拠に基づいた結論を導き出すための科学知識とその活用。科学の特徴的な諸側面を人間の知識と探求の一形態として理解すること。科学とテクノロジーが我々の物質的、知的、文化的環境をいかに形作っているかを認識すること。思慮深い一市民として、科学的な考えを持ち、科学が関連する諸問題に、自ら進んで関わること」としている。

そして「読解リテラシー」については「自らの目標を達成し、自らの知識と可能性を発達させ、効果的に社会に参加するために、書かれたテキストを理解し、利用し、熟考し、これに取り組む能力」と示している。

このように見てくると、現代における「リテラシー」とは識字、つまり理解や認識という意味からは大きく変化、拡張された概念であり、そこには意識、態度、意志決定、行動などの表現がなされていることからも解るように、単なる知識やスキルを指すことに留まらず、個人の主体の有り様にまで遡り、そこに問いかけを行い、選択的判断や行動までを指す極めて包括的な、また動的な概念であるというべきではないだろうか。

それではリテラシーの概念は何故このようにその意味を拡張的なものに変化してきたのだろうか。

2 拡張するリテラシーの概念と「批判的リテラシー」

教育学者の佐藤学は論文「リテラシー概念とその定義」の中でリテラシー概念について整理している。佐藤はまずリテラシーの本義はシェークスピアの戯曲を読んで理解できる、といったような「(高度で優雅な) 教養」にあるとす

る。そして現在リテラシーの意味として一般的に認識されている「読み書き能力」あるいは「識字能力」という意味は19世紀末になってから教育用語として後に変化したものであるという。その背景には近代を迎え、公教育が制度化され、更には学校教育が大衆的なレベルにまで普及が進む中「社会的自立に必要な基礎教養」として「機能的識字」という概念が生まれ、リテラシーに新たな意味が付加されたのである。この「機能的識字」については後にユネスコにより「読み書きの能力だけではなく、大人になって経済生活に十全に参加するための職業的、技術的な知識を含む」とも定義されたと述べている。そのうえで佐藤はリテラシーを「書字文化による共通教養」と定義し、それは社会的自立の基礎となる、公共的な教養を意味するとしている。

　つまり常に大きく変化し続けてきた近代社会において、個人生活や社会全体の諸問題の解決と改革に、自立した市民として参加するために必要とされる基礎教養であるリテラシーに要求されるものも、時代と共にその概念が拡大的に更新され、その都度再定義される必要があったのである。

　そして佐藤は現代社会に必要なリテラシーについてこのように述べている。

> グローバリゼーションによる産業主義社会からポスト産業主義社会への移行は、リテラシーの教育に新たな再定義を要求している。ポスト産業主義の社会は、情報と知識の高度化と複合化によって特徴づけられる社会であり、しかも知識と情報が流動化し絶えず更新される社会である。ポスト産業主義の社会のリテラシーは高度化し複合化し流動化する知識社会における基礎教養の教育であり、批判的で反省的な思考力とコミュニケーションの教育として再定義されるだろう。

　このような問題意識を示した上で、佐藤は現代社会が要請する新たなリテラシー概念として「批判的リテラシー」を提示する。そしてその概念を支えるとする、ブラジルの教育学者パウロ・フレイレが提示する文化コードの意識化をはかる文化政治学（cultural politics）としてのリテラシー教育である「解放の教育学」を紹介している。

> フレイレの解放の教育学は「意識化」を戦略的概念として活用し、意識

の意識化、思考についての思考、解釈の再解釈という、文化コードと文化的意味に対する批判的解釈とその意識化を提起している。フレイレにおいて人は「象徴的意味の動物」であり、テキストを読む行為は世界を読む行為に他ならない。歴史的に見ても、人は言葉を読んだ後に世界を読んだのではない。まず世界を変革し、次に世界を表象し、そして言葉を創造したのである。リテラシーの教育は、言葉を読み書きする前に世界を読む行為の包括的な理解から出発するべきなのである。(中略)リテラシー教育は、言葉を媒介とする世界の文化的意味づけであり、言葉の再解釈と再活用の文化的実践による世界の変革なのである。

そして佐藤はこの論文の最後を以下のように締めくくっている。

> リテラシーを差別と支配と抑圧と排除の手段ではなく、人々の平等と自立と解放と連帯の手段として機能させるためには、どのような教育の実践が求められているのか、リテラシーの概念の再定義を志向する研究と実践は、未来社会のビジョンを選択し創造する教育的な思索挑戦に他ならない。

実は佐藤は批判的リテラシーについて明確な定義を行っていない。また他の複数の批判的リテラシーに関する言説に当たってみたが、どれもが概念を示すに留まっている。このことについて八重樫は「学校教育における批判的リテラシー形成」の中で、批判的リテラシーとは中身が細かく要素化されたスキルではなく、むしろそのような規定された枠組みの中に納まってしまう事こそ批判的リテラシーが最も警戒すべき状況であると述べたうえで、「方向目標」としての批判的リテラシーの定義を以下のように行っている

> 「批判的リテラシー」とは"対象"世界に隠されている権力構造を読み解き、その矛盾を変容しうる社会創造への指向性としての能力。

この八重樫の定義を基に、様々な言説を参考にし、そこに私の認識を加味したうえで「批判的リテラシー」の定義をしてみたい。

第 1 章　スポーツリテラシーをめぐって

「批判的リテラシー」とは"対象"世界の構造を読み解き、批判的思考を行い、そこに新たな解釈と意味づけを行うと同時に、思考の主体をも再構築する「批判的思索の永久運動」を通じて社会改革、社会創造、文化創造など、歴史への主体的な参加を行う事である。

「リテラシー」について様々な言説を探り、あれこれと考察している間にずいぶん遠いところに来てしまったというのが正直な感想である。しかし複雑さと流動化を増々加速させる現代社会に主体的に参加してゆこうとするときの基礎能力が、識字、教養などに留まっているはずはないのである。むしろここまで見てきた地点から振り返るなら、これらは時に教養主義やエリート主義、つまり保守的で権威的な意識や思考的態度として批判の対象になるべきかも知れない。リテラシーとは対象とする存在だけでなく、それを取り巻く環境や社会全体、更には思考の主体をも対象化し批判的思考に晒すことで、自らを常に哲学的な懐疑の中に置くことではないか。そうすることだけが自らを、その主体性をこの混沌とした世界の中で保持し続け、世界の改革に参加することを可能にするのではないだろうか。

3　「スポーツリテラシー」をもって、日本のスポーツを考える

（1）「スポーツリテラシー」の定義

まずこれまで見てきた「批判的リテラシー」の概念や言説を参考にしながら、「スポーツリテラシー」を次のように定義してみたい。

> スポーツが社会における重要な存在であり続けるために、スポーツを社会的に構成された存在であると捉え、その構造を多様な視点から読み解き、批判的思考を行い、スポーツに新たな解釈、意味づけを与えると同時に、そのプロセスを通じて自分自身の意識や認識を再構築しようとする意識や能力。

ずいぶん力の入った、生硬な言葉、文章であると我ながら思う。必要な要素を盛り込みながらも理解しやすいものにしようと頭を絞ったのだが、このようになってしまった。途中経過、書きかけ、と受け止めていただきたい。

ここからはこの定義の補足説明をしながら、スポーツリテラシーの視点から日本のスポーツのいくつかの断面を見てゆきたい。

（2）スポーツと社会

はじめに「スポーツが社会における重要な存在であり続けるために」としたのは、リテラシーが「未来社会のビジョンを選択し創造する教育的思索挑戦」だからである。

それでは日本のスポーツの「未来のビジョン」とは何だろうか。

日本のスポーツ組織のホームページには「日本社会の発展に寄与する」「青少年の健全な育成に寄与する」などの文言が理念やビジョンとして並んでいる。つまりそれは日本社会や青少年、つまり社会を目的としていることを示している。しかしそれは何故なのか、どの様に実現するのか、具体的にどんな活動を行っているのかについて示されているものはほぼ皆無である。

結論から言えば、日本のスポーツ組織の目的は「社会」ではない。日本のスポーツ組織とは自らが競技を行うことを目的に組織され、運営が行われている「競技者の、競技者による、競技者のための組織」である。それはどれだけその競技者数が多いものであれ、個人的な行為であり個人的な組織と位置づけられるべきである。彼らの思考（というよりも思い込み）とは「スポーツは"良い物"だから、プレーしていることが"自然"に社会に大きな価値を齎す」というものである。果たしてそれは本当なのだろうか。

一方でスポーツの受け手、つまり我々個人や社会の側も同様の思い込みをしているのではないか。文部科学省がスポーツ基本法の中で述べている「（スポーツは）他者を尊重しこれと協同する精神、公正さと規律を尊ぶ態度や克己心を培い、実践的な思考力や判断力を育む等人格の形成に大きな影響を及ぼす」を私も否定するものではない。しかし他方でスポーツにおける暴力、いじめ、体罰、差別、セクハラなどの問題は絶えず発生しているのも事実である。スポーツの世界が持つ閉鎖性や同調圧力を考えると表に出ているのは氷山の一角であると考えるべきだろう。それは特異な個人による偶発的な出来事ではなく、

第1章　スポーツリテラシーをめぐって

日本のスポーツが内包する構造的な問題であり、体質あるいは文化というべきものである。だからそれはかなりの度合いで「日本のスポーツらしさ」を形成する伝統としてスポーツの内部では許容されているものであり、言い換えれば「ある程度必要であると合意されている」ものではないのか。それ故、これからも日本のスポーツの内部で再生産され続けるものであると捉えるべきではないだろうか。私がこのように考えるのは、日本のスポーツ関係者がその文化、習慣を「良い思い出」として楽しそうに回想し、皆と笑顔で語り合っている姿を頻繁に見かけるからである。また彼らがその文化、体質を一般社会（職場、家庭、友人関係）においても発揮する姿を目にするのも決して稀な事ではないからである。

　またスポーツ基本法に記されている「他者を尊重しこれと協同する」や「公正さ」という事についても、我々が目にするものとは「選手は全員一般受験で入学した地元の生徒、OBにボランティアでコーチをお願いし、社会科の先生が顧問です」というチームと「半分以上の選手は学費免除で県外からスカウト、コーチも古豪の有名チームから高給で招聘し、学校のサポートも充実、週7日練習漬けです」というチームが「文部科学省から後援を受けた試合で県代表を賭けて戦う」というようなものである。

　我々は「本当にスポーツは良い物なのか？」という問いを行わない習慣になっているのである。だからスポーツリテラシー定義の最初に「スポーツが社会における重要な存在であり続けるために」という言葉を入れることによって、読む人の意識・思考を一旦立ち止まらせる必要があると考えたのである。スポーツは自動車や電気冷蔵庫のような生活必需品ではない。スポーツが無くても人々の生活は成り立ち、社会は回っていく。このような存在が本当に「『社会における』重要な存在」であるのか、それはなぜか。という問いへの回答は何度も留保を繰り返しながら、しかし立ち止まることなく思考を続ける必要があるのではないだろうか。

　次にスポーツを「社会的に構成された存在」という言い方を行った理由は、私は日本人がスポーツというものを自然の存在の様に意識しているのではないかと感じることがあるからだ。それは社会の動きや人間の生活などとは無関係に、あらかじめそこに存在するものであり、だからどちらも不変のもの、純粋なもの、美しいもの、汚すべからざるものとして捉えられているのではないか。

どちらにも無数の言説、伝説、物語、イメージ、広告コピーなどが氾濫しているが、「では一体それは何なのか？」と改めて問いかけると皆考え込んでしまうか、それぞれ個人の思いを語るだけである。登山家であり小説家、随筆家である深田久弥が彼の有名な著作である「日本百名山」の中で、富士山のことを「小細工を弄しない大きな単純」と評し「児童でも富士の絵は描くが、その真を現すために画壇の巨匠も手こずっている」と述べているが、これはまさにスポーツのことを言っているようではないか。

しかし言うまでもないがスポーツは決して「自然」な存在などではない。確かにスポーツはその起源において人間の自然で素朴な欲求（遊びや闘争）の発露の行為であっただろうが、それがある時からルールを持つようになったという事実、つまり、皆が共有できる規則を付け加えたという事実はスポーツが人工の産物であり、社会的な存在であることの表れである。しかもそのルールというものはある社会状況や人々の欲望、意識などが作り出す価値観や世界観の反映であるという要素が強い（得点を困難にする方が紳士的だ、などの様に）のである。

「近代スポーツ文化とは何か」の中で西山が描いている、プロテスタントの「世俗内禁欲主義」が生み出した規範的で勤勉な生産活動、それが「己の才覚と資本だけを元手にして、ルールに従った競争を行う」資本主義のひたすらに拡大再生産を目指す精神や行動の原理となったという記述はじつに興味深い。そしてそれが産業革命による産業と軍事の拡大、そして植民地獲得競争の強力なエンジンとなり、それらを牽引し、マネジメントする人材の育成装置としてスポーツは有効であるという認識が生まれ、それまでのスポーツを「近代スポーツ」に変えていったことよく知られた通りである。

このようなスポーツと社会との共鳴関係は、現在の日本における企業経営の問題、例えば労働問題におけるいわゆる「ブラック企業」の多くが自らを「体育会的な社風」などと呼ぶことによって、その悪質で深刻な労働搾取の問題を漂白、糊塗、隠ぺいしようとする問題などと通底するものであり、決して過去ではなく現在進行形のテーマなのである。

（3）変貌する日本社会とスポーツ

一方でスポーツとはその発生の瞬間から人々に「見られる」存在である。ス

第1章　スポーツリテラシーをめぐって

ポーツは見られる存在であることより他のどんな存在よりも圧倒的な力を持って幅広い人々に受け入れられ、世界中に広がり、現在のような巨大な存在となったのではないか。近年日本でも欧米同様にスポーツの優れた機能として「人々を繋ぐ」という事がよく言われるようになってきた。確かにコミュニティの崩壊、人間関係の希薄化、格差や孤独や不安の問題が拡大する中、「スポーツを通じた人々の繋がり」はその社会的重要性を増々高めてゆくことができるだろう。

　そこに於ける「スポーツ」とは「する」だけでなく「見る」も含むはずである。いやこの言い方は事実を現していない。「見る」という行為でスポーツに触れる人間の数の方が圧倒的に多いのである。更に言えば大多数の人々はメディアを通じてスポーツに接している。その数はオリンピックやサッカーワールドカップ等を例にとれば、日本国内だけで数千万人という数が一度に同じ歓喜や失望を共有していることになる。

　2011年FIFAワールドカップで優勝した「なでしこジャパン」、あの決勝戦の視聴率は、早朝にも関わらず2局合計で36％という驚異的数字だった。単純計算すると実に3600万人が目撃したことになる。それはいわゆるサッカーファンが、サッカーの試合を見たという事ではないだろう（同時期のJリーグの視聴率は3〜4％程度である）。当時は日本人の多くが経済にも政治にも、自分たちの将来にも期待が抱けず、漠然とした不安の中で日々の生活を行っていた。それに追い打ちをかけるようにあの大震災が起き、日本中にある種の絶望感や無力感が漂っていた。その時あのなでしこジャパンの姿を目撃したのだ。自分たちとあまり変わらないその貧弱な身体や、生活費を稼ぐ仕事との両立に苦労している選手の物語、まるで自分たちの分身のような存在が、身体的にも環境的にもはるかに恵まれている（ように見える）外国人のチームを打ち破っていく姿を。それは多分「日本はそれでもきっと大丈夫だ」という思いを、それぞれの人が別々の場所で、しかし共に分かち合い、そこに「繋がりを感じた」瞬間であったのだろう。

　繰り返すがこの人々はサッカーファンではないし、いわゆるスポーツファンでもない。彼らが求めているものは、日本が成熟社会を迎え、価値観の多様化・価値の相対化が進み人々の存在がバラバラになる中で消えて行った、皆が共有できる「大きな物語」なのである。スポーツの現代社会における最大の価値とは、この歴史が進行するとともに消えてゆく「大きな物語」の再生ではないか。

それは幻想ではあるが、多くの人々が「生」について肯定感を感じる重要な機会でもある。

このようにスポーツの意味づけ、価値づけを行ったとき、確かにスポーツは富士山に似ているのである。どちらも人々が時折自分が日本人であるというアイデンティティを確認し、そのことにより皆が繋がっているという幻想を抱く「祭りの装置」として。

私は20年近くスポーツにビジネスとして関わってきた。それは「スポーツの市場価値とは何か」という問いに常に向き合うことを意味する。私がスポーツの市場価値をこれまで述べたような「成熟社会に失われた『大きな物語を語る装置』」であると「発見」したのは土浦駅で発生した自殺願望男による連続殺傷事件、秋葉原で17名が死傷する通り魔事件など日本社会を震撼させる犯罪が連続し、その裏にある格差や孤独、不安などの問題がメディアを騒がしていた2008年頃である。

このことをNFLのマーケティング担当者に話してみると彼はニコニコしながら私に「Power of NFL Brand」と書かれたパワーポイントの資料を渡してくれた。その最初のページに書かれていたのは以下のような文言だった。

・Key Consumer Insight

　In a world where people are doing more with less time, there is an increasing need to reconnect and belong.

・NFL Brand Positioning

　NFL is a powerful unifying force for family, friends, colleagues, communities and even nation.

　NFL brings people together connecting socially and emotionally like no other.

ここには現代社会が求めているもの＝スポーツが提供するもの＝人々を繋ぐ、が確信をもって明確に示されているではないか。さすがにスポーツ大国アメリカ、その中でも群を抜く人気とビジネス規模を誇るNFLという組織の持つ視点は鋭い、素晴らしい、私の発見は正しかったのだ、と驚き、またそのような組織に所属していることをうれしく思ったことを覚えている。

2010年に開催されたFIFAワールドカップ南アフリカ大会では、それまで東京以外では珍しかったパブリックビューイングが全国あちらこちらで開かれ始め、そこに多くの若者たちが集まり熱狂が繰り広げられる様子が話題となっ

た。この事が意味するものについて、当時25歳の大学院生だった社会学者の古市憲寿が「絶望の国の幸福な若者たち」の中で「『ニッポン!』で皆が繋がる、幸せなお祭り」としてその姿をヴィヴィットに、しかし醒めた目で描いている。

　そして私がスポーツの「大きな物語を語る装置」という価値がいつの間にか日本においても人々の間で広く共有されていることを実感したのが、あの2011年の東日本大震災である。その時まず私が気づいたのは、このようなときにスポーツはなにか良いことをしてくれるはずだ、という期待のようなものが人々の口々から発せられていたことである。そしてこれに呼応するように、様々なアスリートがメッセージを出したり、支援を行ったりを始めたのである。

　震災の直後、私の所にある大手広告代理店の人間が訪れ「こんな時スポーツ団体はどんなことを行うべきでしょうか、どんなメッセージを出すべきでしょうか」と質問してきたことがあった。それは日頃私がスポーツビジネスとは感動や喜び、一体感などの経験価値を提供するブランドビジネスであり、スポーツ組織やアスリートのブランド構築・向上のために、社会や地域にある様々な問題を見つけ、その解決にスポーツ組織が行えることを積極的に行っていくことが重要だ。なぜなら人々はスポーツに「何か良いことを齎してくれる存在」という幻想を抱いており、その幻想を実現する具体的な活動を行うことがスポーツの社会的価値を最大化に導くことになり、また同時に社会をも幸福に導くからだ、というような事を言っていたからだ。

　その後その広告代理店の動向は不明だが、確かにあの震災は「スポーツは社会の問題に対して何らかの役割を果たすべきだ」という意識をスポーツの側も国民の側も持ったという意味で、私には日本社会とスポーツとの関係が確実に変化している事を実感させた。

（4）スポーツが創りだす「感動」について考える

　しかしその後しばらくして私は日本のスポーツ組織やアスリートたちが発する言葉や行動、そしてそれに対する一般の（被災者でない）人々の「感動をありがとう！」というような反応に観られる、スポーツと社会の奇妙な共鳴の連鎖に違和感を覚えるようになった。特に多くのアスリートたちが口にした「スポーツの力で『勇気を与える』」という言葉には憎悪すら感じたのだ。それはどこかの新聞記事で読んだ、阪神淡路大震災の被災者が、優しい言葉をかけて

くれる人々やボランティアの人々に対し感謝の気持ちを持ちながら、しかし心の深いところにある、決して口に出すことのできない「ほかのやつにわかってたまるか」という思いの吐露が私の心に重く残っていたからだ。

　私は苦境にある人間が、その自分だけの力で不安や絶望の日々を生きてゆかなければならない状況の中で、むしろ誰にも頼らず、孤独の中に身を置くこと、そのことだけが自分をかろうじて支えることがある、という事を理解しているつもりである。アスリートたちがそのことに少しでも想像力を働かすことができれば「勇気を『与える』」などという言葉は決して口にできないはずだ（それに勇気というものは、自分自身が感じたり、獲得するものであって、人から与えられるものではないのではないか）。しかしそれはまるで伝染してゆくかのようにいつの間にか広く日本のスポーツの中に広がり、メディアはそれを紹介し、メディア自身もそのような言葉を発するようになっていった。

　これらはスポーツの側も社会も、またその間に立つメディアも「大きな物語を生む装置」というスポーツの新たな価値の「取り扱い」に不慣れなことが原因で起こっていたのである。だからこそ、そこには適切な経営やマネジメントの必要性が浮上するわけであるが、私の関心は他の所に有る。それはこのような浅薄でデリカシーがなく知性もセンスも感じられない、あえて言えば下品な言葉が、平時（この言い方が適切であるかどうか解らないが）となった現在、スポーツが人々に提供する価値を代表する言葉であるかのように頻繁に使用され、広く社会の中に定着してしまったように感じられることへの違和感、気味の悪さなのである。

　2014年のFIFAワールドカップブラジル大会では日本中で、と言っても良いほど様々な地域で様々な形態（主催者、有料・無料、規模など）のパブリックビューイングが行われ、老若男女、あらゆる人々が集い、「ニッポン！チャチャチャ」で盛り上がった。日本代表チームはかなり無残な形で敗退したが、人々はそれでも「感動をありがとう」「また次回、私たちに大きな夢を！」など暖かい気持ちでそれを受け止めていたように見えた。

　遂に日本の人々は「スポーツで大きな物語を共有する」「スポーツで皆がつながる」快感を我が物にしたのである。孤独と不安に向き合いながら日々生きてゆかねばならない成熟社会にあって、生に対する肯定感の充足を求め多くの人々がスポーツを求め、スポーツに集い、そして「スポーツよありがとう！」

第1章　スポーツリテラシーをめぐって

と叫ぶ、ここには確かに日本のスポーツの発展の大きな可能性がある。それはビジネスにとどまらず、「ニッポン！を中心にして人々が夢と希望を分かち合うスポーツという装置」には国家も積極的に関わって来るだろう。

しかし私は今、このスポーツへの人々の過剰な思い入れを目にするにつけ「いやな感じ」を抱くのである。いつの間にか日本の人々は自分自身が様々な意味を与え、役割を持たせ、何か超越的な存在であるかのように空中高く持ち上げたスポーツを、今度は「我々に何か良い物を齎してくれるはずだ」と巨大な希望、願望を持って見つめているのである。

ここに見えるのは、かつての「暖かな共同体としての日本」を失ってしまった後の茫漠とした大地の上を、希望、勇気、絆、一体感などの幻想を求めて彷徨う日本と日本人の姿であり、一方でその巨大化した欲望の津波に晒され、押し流され、漂流を始めた日本のスポーツの姿ではないか。これは「スポーツが社会における重要な存在であり続けるために」どころか、日本社会とスポーツとが互いに共鳴・共振し合いながらどちらもが虚しい馬鹿騒ぎを続ける終末の風景というべきではないか。

私には「ニッポン！チャチャチャ」のお祭り騒ぎから透けて見えてくるものは、エーリッヒ・フロムが「自由からの逃走」で描き出した、社会の近代化によって家族、地域、共同体、協会、ギルドなどの縛りから自由になった人々が、今度は自由の持つ孤独と不安の恐怖に耐えかねて、自ら自由を差し出し、ナチスドイツの全体主義に傾斜していった風景の80年遅れの出来の悪い写し絵のように見える、と言ったら言い過ぎだろうか。少なくとも私はあのお祭り騒ぎに虚無を感じるのである。

スポーツという存在は、人々に確かに夢や希望を感じさせることのできる包容力の高い装置である。しかしそれは全く同じ理由によって、チョムスキーが言う「社会の問題から目をそらし、何か意味のない共同体に対する非理性的忠誠心を作り出す、権力への従属訓練、すなわちショービニズム（盲目的・好戦的愛国心）の訓練」でもあるのである。そしてそれは「スポーツのエキサイトメントの本質は、単純にいうと脱自の状態、他者への同化の中で生じている。理性を麻痺させるファシズム的熱狂」（多木浩二）であるからなのだ。

「スポーツは純粋な遊戯として社会的な諸関係から孤立しているわけでは

ない。スポーツは人々が日常の社会生活の中で抱いている歪んだ感情、群集心理から生じる行為、極端なナショナリズムからも逃れていない」「世界的に肥大した人間活動のタイプになった」(多木浩二)

「だから意味がある」のか、「だから意味がない」のか。そんな単純な問題ではない。そのどちらでもあるのである。だからこそ少なくとも「私はまだ解らないから考え続ける」という態度や姿勢を保ち続けることが「スポーツリテラシー」なのではないか。それはスポーツというものをよく理解できていない、というだけではなく、スポーツに肯定的であったり、否定的であったり、行ったり来たりしている自分自身をも一つの「謎」として、追求してゆくことではないだろうか。

4　スポーツリテラシー教育

　現代社会においてスポーツとは多義的で複雑な存在なのである。そのような存在に正しく向き合い、理解を深め、適切にマネジメントを行うことが求められる今後の日本のスポーツに必要不可欠となるのがスポーツリテラシー教育ではないだろうか。私の問題意識に即して言えば、「スポーツという存在が多義的で複雑であることを認識」するためにスポーツリテラシー教育が必要だというべきかもしれない。それはスポーツに関わろうとする者すべてに必須のことではないだろうか。それに対しそれはスポーツマネジメントに関わる者だけで良いのではないか、という考えもあるだろう。しかしリテラシーの本義を考えた時、それはあらゆる"対象"を考察し、理解し認識するための「共通基礎教養」なのであるから、本来はすべての国民がリテラシーを獲得することが必要なのである。そしてその基礎の上にスポーツを含む他の様々な領域のリテラシーが構築されるのである。

　それではその視点から考えたときに、我々が日ごろ接しているスポーツ系学部の学生は果たしてこの「共通基礎教養」を保有していると言えるだろうか。大変皮肉な事ではあるが、これらの学生は、その多くがリテラシーに欠ける学生の集団である、というのが私の経験から得た認識である。なぜならば彼らの多くは幼いころからスポーツが生活の中心という環境の中で育ち、そのままの

第1章　スポーツリテラシーをめぐって

生活を続けられる場所としてスポーツ系の学部を選択し、入学後は同じ価値観を持つ仲間たち（教師も含む）との日々を送ることになるからである。それは、スポーツは素晴らしいものである、という思いをひたすらに強固なものにし、それ以外の価値観に触れることも、触れる必要性も感じなくなる生活である。この例えてみるなら「無菌空間」は基礎教養としてのリテラシーを身につけるのが困難であるがゆえに、スポーツリテラシーを獲得するのが最も困難な場所であると言えるのではないか。

しかし彼らの多くは卒業後もアスリート、指導者、トレーナー、スポーツ組織関係者等として、日本のスポーツに関わっていきたいと考えおり、他方一般の企業や組織への就職を選択する者においても、その「スポーツ愛」でもってスポーツの発展に様々な領域で関わりたいと望んでいる。そもそもこれらの学部はそのために用意されたのだから当然であろうが、果たして現状の彼（彼女）らは複雑さや流動性を高める今後の日本社会においてのスポーツの将来を切り開くに十分な意識や能力を持っていると言えるだろうか。

更には文部科学省がスポーツ基本法の制定を行い、スポーツ庁の設置が現実的なものとなるなど、日本におけるスポーツはこれまでの競技者、競技組織主体の閉ざされた存在から、広く社会に開かれ、多様な価値を国民に提供する公共財になることが求められている。その新たな可能性の前に立つ日本のスポーツの担い手を目指すスポーツ系学部の学生に、スポーツリテラシーを獲得させることは不可欠のことではないだろうか。

私はこの文章の初めに「（スポーツに対する）マーケットのディマンドが急拡大しているにも関わらず、スポーツ側がその意味を理解せず、適切な対応ができないために巨大な機会損失を続けている」と述べたが、これと同じこと、つまり社会の側が「多義的で複雑な性格を持つ存在であるスポーツを、重要な社会装置として適切にマネジメントできる人材」を求めているのに、スポーツ系学部はそれに対応できない、という状況がすぐに予想されるのである。この事はスポーツに限ったことではなく、そもそも基礎教養を持たない現代の若者に対して「専門性を取得させる大学教育」という大学のあり方一般が問題なのであろうが、だからこそこの問題をこのまま避けて放置を続けるとすれば、スポーツ系学部の存在意義がやがて問われる事になるであろう。

これも私の経験によるものだが、実はこのような問題意識を持つ大学教師は

1　スポーツリテラシーの観点から日本のスポーツを考える

かなりの数に上るのではないかと私は思っている。しかしそれぞれの専門性に基づきカリキュラムが構成されている現在の講義構造の中で、それらを横断的に支える基礎教養をどのように位置づけるのか、そもそもそれはどの様な内容にするのかなど課題が多いままその問題意識は放置されているのではないか。

　実はこの問題の本質も日本社会におけるスポーツがどのような存在となることが望ましいのか、あるべきなのか、なりたいのかという日本のスポーツ界全体のビジョンと戦略の欠如である。文部科学省のスポーツ基本法があるではないかとの声が聞こえてきそうだが、このような他人まかせの発想自体が間違っているという事をスポーツリテラシーは教えてくれる。

　とはいえ私自身は今のところスポーツリテラシー教育の具体的な中身についてここに考えを述べるだけの知識も能力もない。ここでは前掲の八重樫が批判的リテラシー教育について述べているものを参考として紹介してみたい。

　彼は批判的リテラシー教育について、現場の教師の日々の実践目標を「所与の前提をいったん相対化して問い直し、異質な他者との関わりにおいて多様な見方を認め、反省的思考をとおして合意点を見いだしてゆく能力」としたうえで、その具体的方法について以下のように述べている。

　　批判的リテラシーとは、これらを受動的ではなく、主体的になすことを目指すものである。また単なるスキルとしてではなく社会的実践活動として想定されるものである。よってそれらの活動を保障する学びの構想は、異質な他者との関わりが重視されることになる。その学びの中で他者との見え方が違う事を積極的に肯定することで、対象に対する認識の広がりと深みと共に、自分自身と他者への認識にもつながることになろう。異質な他者と関わることにより対象への認識の多面性が増し、自分とは違った発想の妥当性を考える手がかりとなる。また他者との相違点をコミュニケーションによって解決してゆくプロセス、あるいは相違の中の共通点を見いだしてゆく合意形成のプロセスは、将来の民主的な社会の形成者としての能力を高めることになるだろう。

　私はこの考えに全面的に賛同する。批判的リテラシーだけでなく、そもそも人間というものは異質な他者との多様なコミュニケーションの試行錯誤を通じ

て自らを知り、他者へのまなざしを深め、世界を認識し、自立した個人として「民主的な社会の形成者」となることができるのである。私が現在のスポーツ系学部のあり方を問題視するのはこの理由からなのである。そこはスポーツ信仰者が集結する同質性と閉鎖性の高い特殊な空間であり、そこで学ぶ内容も、またそこで日々交わされるコミュニケーションも「スポーツとは素晴らしいものである」を大前提にして、その意識を更に強くするものばかりであるように見える。良くも悪しくも素朴で純粋なこのスポーツ系学部の学生たちを前にして、我々教職に在る者は彼らを自立した個人にしたいと思うのか、それとも「ニッポン！チャチャチャ」に戯れる魚の群れのような大衆の旗振り役にしたいと思うのか。まさか後者ではないだろう。

　そうであるならば今後のスポーツリテラシー教育は、現在のスポーツ界の知見、人材だけではなくスポーツの「多義性」を構成する、そしてスポーツにとっては「異質」な分野である、教育学、社会学、歴史学、倫理学、民俗学、宗教学、法学、経済学、経営学、文学などの幅広い分野の知恵を集結して行われるべきである。スポーツが「社会的に構成されたもの」であることを理解するならば、スポーツを「スポーツ用語」だけで扱う事の誤りに気づくはずだ。

　スポーツは多様な角度から多面的な批評や批判に晒されることを通じて、その多義的な価値を開花させることができ、今後の日本社会の様々な領域において重要な役割を果たしてゆくことができるのではないだろうか。

5　おわりに

　私はスポーツビジネスの授業を複数の大学で行っているが、数年前からこれまで述べてきたような問題を強く認識するようになり、それまでの授業内容を再構成した。現在私は自分の授業のコンセプトを「スポーツビジネスを学ぶことを通じて、人や社会を学び、そして自分自身に出会う」と定め、学生に対してもその理由—スポーツ系学部の学生に欠けている社会認識や自己認識などの基礎能力を補う—と伝えたうえで授業を行っている。すでに述べたようにスポーツビジネスでは、スポーツのことよりも、顧客や市場、つまり人や社会のことを考えることがより重要になる。そして社会の側からの視点でスポーツの意味や価値を探るのである。この視点自体がスポーツを対象化して考察すること

になり、それは多くの学生にとって新しい体験なのである。授業で扱うテーマの選択、作成する資料、発する言葉、すべてをこの視点から展開していくことにより、学生がスポーツというものを社会との関係において考えざるを得なくするのである。初めは私の「スポーツを商品と考えろ」とか「スポーツもヘビーメタルも社会的に見れば並列、同列だ。それなのに何故スポーツは国家や企業からの支援があって当然だと考えるのか」「競技レベルの向上がスポーツの価値向上ではない。競技レベルとしてははるかに劣る高校野球が国民的な存在であるのはなぜか」などの問題提起やその私の口調に、戸惑いや不快感を表す学生も多い。それは意図してのことである。学生たちのいわゆる「スポーツ脳」をかき乱す刺激を与え、自己意識と社会意識を芽生えさせたいのである。すると次第に「スポーツって私たちが頑張ってプレーしていると自然に発展すると思っていましたが、本当は様々な人や組織が関わってできてるんですね」「メディアがスポーツを勝手に変形しているのだと思っていたが、もともとスポーツの中にあるものをメディアが引き出していたことが解った」「私が競技しているのを『見る』人がいる、これは新鮮な発見でした」「自分がこの学部の仲良しクラブ的雰囲気に溶け込めない理由がわかり安心しました」といった感想を漏らす学生が増えてくる。正直あまりの幼い感想に驚いてしまうのだが、この言葉にたどり着くことはスポーツ脳の学生にとって、実は簡単な事ではない。スポーツ脳にとって、スポーツを対象化することとは、かなりの部分が自己批評であり、時に自己否定的な面が強いからである。しかしそれこそがスポーツリテラシーを獲得する最初のプロセスなのではないか。このようにして学生の意識を一つ一つコインをひっくり返すような作業を行っているつもりなのであるが、もちろん一人で行う事にはたかが知れており、焦りや無力感を味わう事も多い。それでも「スポーツビジネスという言葉を聞いてスポーツを利用して金儲けをしているようで嫌な感じがしていましたが、そうではないんですね。企業についての考えが変わり、おかげで就職活動にも少し前向きな気持ちになりました」などという、これまたあきれるほど素直な感想に励まされるのである。今回リテラシーという言葉に出会ってみて、自分が学生に授業を通じて少しでも獲得してほしいと考えていた物が「スポーツリテラシー」なのだ、と気づいた次第である。

　もう一つ私自身のことで驚いたことがある。それはこのリテラシー、特に「批

第1章　スポーツリテラシーをめぐって

判的リテラシー」というものが、私自身が知らず知らずのうちに日常的にとっていた思考態度、方法によく似ている、という事だった。私は私の思考態度について「その構造を見つけ、言葉にしてみる」「信じるために疑う」「引き裂かれた状態のままでいる」の3つのことを半ば無意識的に実践している。これらのことを「リテラシー的」に表現すれば「ある存在や状況を構成している構造を読み解く」ことであり「（人間と社会の可能性を信じたいために）あらゆるものを批判的に思考する」ことであり、「自分の中に、肯定—否定などの矛盾する認識、意識、感覚などをそのままの状態で放置することで、あらゆる可能性に自分を開いておく」事なのである。これもまたリテラシーについてあれこれ考えている中で自分自身を再認識したことなのである。

　とりとめのないことを思いつくままに書いてきた。私はリテラシーについて十分な理解ができているわけではないが、これまでの実感としては、それは主観と客観、内面と外側がメビウスの輪の様にぐるぐると繋がっている終わりなき思考訓練のような感じである。しかもその輪の中にスポーツが加わると話はより複雑になり、一段と頭が混乱してしまうのだ。しかしスポーツリテラシーは大変面白く、使い出がある。少なくとも私の優柔不断な思考に対し「悪くない」と背中から声をかけてくれたことだけは確かである。

【主な参考文献】
上村圭介「情報社会のリテラシーに関する試論」GLOCOM Review 第72号，2002年3月.
佐藤学「リテラシーの概念とその定義」教育学研究，70(3)，292-301，2003-09-30，日本教育学会.
八重樫一矢、田代高章「学校教育における批判的リテラシー形成」岩手大学教育学部付属教育実践総合センター研究要綱第六号，91-108，2007.
黒谷和志「教育実践における批判的リテラシー形成」広島大学大学院教育学研究科紀要，第三部，第50号 2001，249-256.
西山哲郎「近代スポーツ文化とは何か」世界思想社，2006年.
古市憲寿「絶望の国の幸福な若者たち」講談社，2011年.
Avram Noam Chomsky ; Indispensable Chomsky Understanding Power 98-101 Spectator sport The New Press 2002（寺島隆吉訳）
エーリッヒ・フロム「自由からの逃走」（日高六郎訳）東京創元社.
多木浩二「スポーツを考える」ちくま新書，1995年.
葉口英子他（編）「知のリテラシー・文化」ナカニシヤ出版，2007年.

2

スポーツ振興に資する スポーツリテラシーとは
―生涯スポーツの視点から―

渋谷茂樹（笹川スポーツ財団）

1　スポーツリテラシーとは

　ここでは、より多くの人々が、多様なかたちでスポーツを享受する社会を目指すスポーツ・フォー・エブリワン（Sport for Everyone）の視点から、スポーツのリテラシーについて考えたい。世間はもとより、スポーツ関係者にも未だ浸透していない「スポーツリテラシー」について論じる前に、他の分野で先行して用いられてきたリテラシーのつく言葉（○○リテラシー）を概観すると、
　○情報リテラシー：情報活用能力
　　情報及び情報手段を主体的に選択し活用していくための個人の基礎的資質（臨時教育審議会第二次答申、1986）
　○メディアリテラシー
　　次の3つを構成要素とする、複合的な能力のこと
　　1）メディアを主体的に読み解く能力
　　2）メディアにアクセスし、活用する能力
　　3）メディアを通じコミュニケーションする能力。特に、情報の読み手との相互作用的（インタラクティブ）コミュニケーション能力（総務省）
　○ヘルスリテラシー
　　健康や医療に関する情報を探し、理解し、活用する力（healthliteracy.jp）
　○科学リテラシー
　　人々が自然や科学技術に対する適切な知識や科学的な見方及び態度を持ち、自然界や人間社会の変化に適切に対応し、合理的な判断と行動ができ

る総合的な資質・能力（国立科学博物館 科学リテラシー涵養に関する有識者会議、2010）

などが挙げられる。

これに対して、スポーツリテラシーの定義としては、海野（2002）の、「市民としてスポーツにアクセス（する・みる・読む・支援するなど）し、分析・観賞・評価しながら、多様な形態でスポーツ・コミュニケーションを創りだす能力」や、清水（2012）の、「スポーツ文化を理解し、享受し、コミュニケートし、集団・組織を整え・運営し、環境創造する能力。スポーツ文化を享受・継承・創造する権利主体（市民）としての共通教養」などがある。他の分野のリテラシーと比べて、また、リテラシー（literacy）という単語の意味が「読み書きの能力」や「教養」などであることに照らしても、深い意味をもたせすぎている印象を受ける。

本稿では、他の分野におけるリテラシーの現状をふまえて、海野と清水によるスポーツリテラシーの定義を「スポーツに関わる市民が身につける資質・能力・教養」と簡略化してイメージしながら書き進めることとしたい。

2　データからみえてくる課題

近年、分野別に定義されるリテラシーは、政策課題と結びついて浸透してきた。人種や民族、社会・経済的地位による健康格差の改善のため、アメリカ・保健福祉省が策定したヘルスリテラシー向上方策「National Action Plan to Improve Health Literacy」（2010）がわかりやすい例であろう。我が国でも、ICT（Information and Communication Technology：情報通信技術）メディアのリテラシー向上のためのプログラムの普及を目指す総務省の取り組みなどがある。

様々な形でスポーツに関わる者が、スポーツリテラシーについて共通認識をもち、それが高まることで、スポーツの普及・振興がはかられるとすると、リテラシーの向上によって解決が期待される課題や問題点は何だろうか。ここでは、地域での日常的なスポーツ活動機会の充実、つまり、地域における生涯スポーツの振興に焦点を絞り、笹川スポーツ財団（SSF）の全国調査「スポーツライフに関する調査」等のデータに基づいて現状を示す。

2 スポーツ振興に資するスポーツリテラシーとは

(1)「スポーツ」をする人は増えていない

　図1は、我が国の成人の運動・スポーツ実施率の推移である。過去1年間に少なくとも1回以上、何らかの運動やスポーツを行った者は74.4％と全体の3/4にのぼる。また、週に1回以上（年間52回以上）行った者は、1996年の40.6％から徐々に増え、2012年には59.1％となっている。定期的に運動・スポーツをする成人の増加傾向が確認できる。

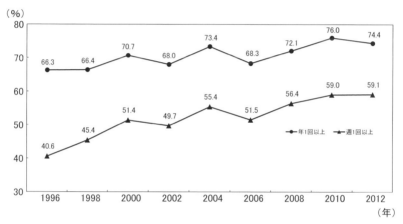

図1　成人の運動・スポーツ実施率の推移（1996 ～ 2012）
SSF「スポーツライフに関する調査」（1996 ～ 2012）より作成

　続いて、成人が過去1年間に行った運動・スポーツの上位10種目を表1に示した。散歩、ウォーキング、体操（軽い体操、ラジオ体操など）、筋力トレーニングなど、個人で行える「運動」が上位を占め、近代スポーツ・競技スポーツと呼ばれる競技種目は10位以内にはあまりみられない（参考：サッカー14位、野球19位、バレーボール22位）。

　週1回以上の運動・スポーツ実施率が増えている実態をより詳細に把握するため、実施率を運動・スポーツの種目分類別に示したのが図2である。ウォーキングまたは散歩を週1回以上行った者と、体操や筋力トレーニング、ジョギング・ランニングなどのエクササイズ（運動）系種目を週1回以上行った者が実施率を伸ばしてきた一方で、近代スポーツと武道を含む競技種目の実施率は1996年からの16年間横ばいである。

第1章　スポーツリテラシーをめぐって

表1　成人の種目別運動・スポーツ実施率と推計人口（年1回以上、2012）

全体 (n=2,000)				男性 (n=990)				女性 (n=1,010)			
順位	実施種目	実施率(%)	推計人口(万人)	順位	実施種目	実施率(%)	推計人口(万人)	順位	実施種目	実施率(%)	推計人口(万人)
1	散歩（ぶらぶら歩き）	34.9	3,629	1	散歩（ぶらぶら歩き）	31.3	1,573	1	散歩（ぶらぶら歩き）	38.4	2,064
2	ウォーキング	25.0	2,599	2	ウォーキング	24.1	1,213	2	ウォーキング	25.8	1,389
3	体操（軽い体操、ラジオ体操など）	20.5	2,131	3	ボウリング	15.9	797	3	体操（軽い体操、ラジオ体操など）	25.6	1,378
4	ボウリング	13.0	1,352	4	筋力トレーニング	15.7	787	4	ボウリング	10.2	548
5	筋力トレーニング	12.2	1,268	5	体操（軽い体操、ラジオ体操など）	15.2	761	5	筋力トレーニング	8.8	474
6	ジョギング・ランニング	9.7	1,009	6	ゴルフ（コース）	14.6	736	5	ヨーガ	8.8	474
7	ゴルフ（コース）	8.3	863	7	ジョギング・ランニング	14.0	705	7	海水浴	7.2	388
8	ゴルフ（練習場）	8.0	832	8	ゴルフ（練習場）	13.0	655	8	バドミントン	6.5	351
9	キャッチボール	7.5	780	9	釣り	12.0	604	9	水泳	6.3	341
9	釣り	7.5	780	10	キャッチボール	11.6	584	10	サイクリング	5.6	303

注）推計人口：成人人口の 103,973,831 人（平成23年3月31日現在の住民基本台帳より）に、実施率を乗じて算出。成人男性は 50,236,397 人、成人女性は 53,737,434 人。SSF「スポーツライフに関する調査」（2012）

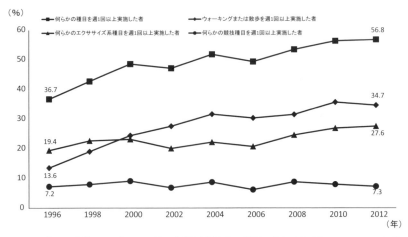

図2　成人の運動・スポーツの種目分類別実施率の推移（週1回以上、1996～2012）
SSF「スポーツライフに関する調査」（1996～2012）より作成

2 スポーツ振興に資するスポーツリテラシーとは

(2) 組織に属さずに運動に励む人々

「運動」の伸びと「スポーツ」の停滞は、組織への加入状況からも確認できる。笹川スポーツ財団の調査(2012)によると、スポーツクラブ、同好会、チームなど、何らかの組織に所属している「スポーツクラブ加入者」は成人のおよそ2割であった。この値は調査を開始した1992年から変化していない。なお、クラブ加入者のおよそ半分は、地域のクラブ・同好会に所属している。週1回以上、運動・スポーツを行っている人をスポーツクラブ加入状況別にみると、図3のとおり、加入者の実施率が15〜18％程度で横ばいであるのに対し、クラブに加入していない者の実施率は40％を超え、1996年から10ポイント以上増えている。特定の組織に所属せず、個人で、あるいは家族や親しい友人と一緒に、ウォーキングや体操、ジョギングを習慣化している中高年層の姿が思い浮かぶ。

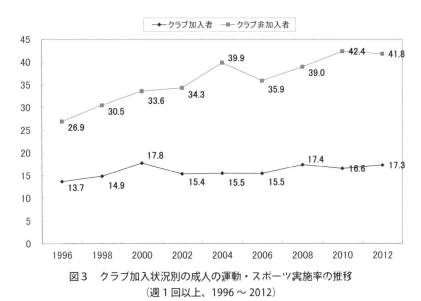

図3 クラブ加入状況別の成人の運動・スポーツ実施率の推移
(週1回以上、1996〜2012)

SSF「スポーツライフに関する調査」(1996〜2012)より作成

データが示しているとおり、近年、定期的に「スポーツ」をする成人の人口は増えていない。「運動」を含めた運動・スポーツ実施率の伸びは、ウォーキングや軽い体操など、ひとりでもできる運動を行う成人、特に60歳以上の中

高齢年代が増加したことに起因している。

　文部科学省は「スポーツ振興基本計画」(2000)および「スポーツ基本計画」(2012)において、成人の週1回以上の運動・スポーツ実施率を増やすことを政策目標に掲げた。文部科学省「体力・スポーツに関する世論調査」(2013)においても、笹川スポーツ財団の調査と同様、運動・スポーツ実施率は上昇している。しかし、実施率の伸びが個人で運動をする中高齢者の増加に支えられている実態をふまえると、国や地方自治体の生涯スポーツ政策の効果は限定的とみるべきであろう。これはむしろ、運動やスポーツの健康への効能が広く理解された結果であり、国民の健康意識の高まり、言い換えればヘルスリテラシー向上の成果と考えるのが妥当である。

3　地域スポーツ現場のリテラシー

(1) 利己的な小規模スポーツ集団

　定期的に「スポーツ」をする人が増えない要因のひとつに、地域のスポーツ組織の体質がある。地域における住民の自発的なスポーツ組織は、おおむね以下に分類できる。

a) 市区町村の競技団体
b) 競技団体加盟のクラブ・チーム・サークル
c) 競技団体に加盟していないクラブ・チーム・サークル
d) スポーツ少年団（スポ少）登録のジュニアのクラブ・チーム：単位スポーツ少年団
e) スポ少に登録していないジュニアのクラブ・チーム

これらの組織は、市区町村のスポーツ行政担当部局、市区町村体育協会、市区町村スポーツ少年団本部、市区町村スポーツ推進委員組織と何らかの関わりをもちながら、公共施設や学校開放施設等で活動している。さらに、複数のスポーツ組織を巻き込んだ形で、あるいはこれらから独立して総合型地域スポーツクラブが存在する地域もある。

　武道などの一部の競技を除いて、b)〜e)のクラブ・チーム・サークルが競技別かつ地域別（ジュニアの場合小学校単位など）に、さらに年代別、交友

関係別にそれぞれ作られるため、小規模な集団が各地に林立する状況にある。やや古い統計だが、(公財)日本スポーツクラブ協会の調査(2000)によると、公共施設で活動している地域のスポーツクラブは全国に35万7千あり、1クラブあたりの会員数は平均28人と推計されている。

　これらのスポーツ組織が、日々の活動や練習試合・公式戦の場として施設を共用するため、公共スポーツ施設や学校開放施設は多くの地域において恒常的に飽和状態となっている。曜日や時間帯によっては、利用希望団体多数のため、抽選で利用団体を決めている施設もある。

　こうした日常的なスポーツ空間の「争奪戦」を通じて、地域のスポーツ組織は、「自分たちの活動スペースを何としても確保したい」という思考に陥り、時として、他の組織への配慮を欠いた利己的・排他的な性質を帯びる。一部の限られた団体に、公共施設と学校開放施設利用が既得権的に利用されている地域もある。総合型地域スポーツクラブの育成が全国各地で受けてきた反発の中には、施設利用を巡る衝突も少なくない。

(2) スポーツ組織の閉鎖性

　公共施設や学校開放施設で活動している地域のスポーツクラブ・同好会の大部分は、成人のチーム・同好会か、小学生を中心とするスポ少などのジュニアのクラブである。民間スポーツクラブやシニアの野球チームなどを除けば、中学生、高校生のスポーツの場は学校の運動部活動になるため、こうした年代の空洞化が生じるのが日本の地域スポーツの特徴と言えるだろう。子供から高齢者までのすべての世代が一緒に活動する武道などはレアケースである。

　成人のチーム・同好会は、交友関係の範囲で、技術レベルや年代の近い仲間で構成され、ほとんどが競技、種目の未経験者に門戸を開放していない。大人の新規参入を歓迎するのは、高齢者中心のゲートボールや、グラウンド・ゴルフ、フライングディスクなどのニュースポーツに限られる傾向にある。

　多くの子供にとって、スポーツとの出会いの場となっているジュニアのクラブも、すべての子供に開かれているとは言い難い。スポーツの得意な子供の上手くなりたい・勝ちたいという自然な欲求と、競技力の向上を通じて、子供を成長させようという指導者や保護者の想い。この2つがかけ合わさって競技志向が先鋭化したクラブでは、スポーツをのんびり楽しみたい、いろいろなスポー

第1章　スポーツリテラシーをめぐって

ツを経験したいという子供のニーズは置き去りされてしまう。運動があまり得意でない子供がサッカーをやりたいと思ったが、地域にある唯一のクラブは競技志向が高く、ついていけないため、結局好きなサッカーを諦めざるをえなかった。こうした例は決して少なくない。近年問題となっている子供の体力低下は、運動のできる子供とできない子供の二極化に起因するが、こうしたジュニアスポーツの環境が背景にあると言っても過言ではない。

(3) 地域スポーツ衰退のリスク

　スポーツ組織の利己性、排他性、閉鎖性によって、多くの地域では、スポーツが持つ価値が十分に発揮されていない。スポーツリテラシーの定義に照らすと、地域スポーツ現場のリテラシーが低い状態と言えるだろう。

　スポーツ行政担当者を含めて、現場に問題意識はない。しかし、少子高齢化が進む中、スポーツ現場の縮小や統廃合が特に地方で始まっており、より多くの住民がスポーツを享受できる環境づくりが急務となっている。

　図4は、成人のバレーボール実施人口の推移である。年1回以上の実施人口はほぼ横ばいだが、週1回以上の人口は緩やかに減少している。定期的な実施者の減少は、多くの競技に共通する傾向であり、成人で実施人口が増えている競技はサッカー以外ほとんど見られない。

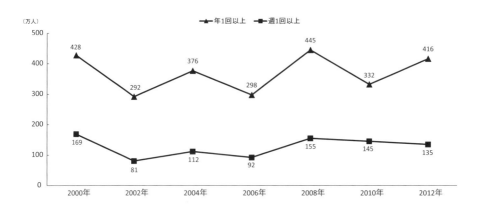

図4　成人のバレーボール実施人口の推移（2000 〜 2012）
SSF「スポーツライフに関する調査」（2000 〜 2012）より作成

少子化に伴う人口減少により、今後成人のスポーツ実施人口のさらなる減少が見込まれる。成人プレーヤーの減少は、ジュニアの指導者を中心とした、スポーツを支える人材の先細りにもつながる。将来的には、地域における競技の存続にかかわる問題に発展する可能性がある。ジュニアの指導は、部活動などで若い時代に本格的に競技を経験した者が担うのが一般的である。かつて、地方には、学校を卒業して地元に戻った若手が、自分が育ったジュニアのクラブで指導を引き継ぐ、という流れがあったが、地方の労働環境が厳しくなり、地元で仕事に就ける者が減った結果、指導者の世代交代が進んでいないジュニアのスポーツクラブが増えている。サッカーや野球などの人気競技以外では、深刻な後継者不足が全国的な課題として今後クローズアップされるであろう。

　人口減少と厳しい地方財政を受けて、我が国では、今後、様々な社会インフラの縮減を余儀なくされる。老朽化した施設の統廃合に向けた動きを進める地方自治体もある。公共スポーツ施設も例外ではない。老朽化で使用できなくなる施設も散見される中、その代替施設整備の予算を確保するのも極めて困難な状況にある。

　厳しい財政事情の中、維持管理に膨大なコストがかかる公共スポーツ施設を使っているのは一部の限られた人々であり、それよりはるかに多くの地域住民は、健康づくりを兼ねて、施設を使わずにできるウォーキングやジョギング・ランニング、自宅での体操などを生活に取り入れている。こうした状況が今後も続くなら、スポーツ関係者がスポーツの健康への効果をいくら力説しても、自治体が公共スポーツ施設をリニューアルし、人口が減少する将来にわたって現状と同じ規模で施設を維持することは考えにくい。地域スポーツ関係者が、自らの既得権を守りながら、活動を続けることは今後ますます難しくなってくるだろう。限られた資源を活かして、ひとりでも多くの仲間がスポーツを楽しむにはどうすればいいのか。スポーツに関わるすべての人々がこの課題と向き合い、知恵を絞らなければ、競技種目の消滅と施設の減少というスポーツの衰退は避けられない。

4　課題解決のためのスポーツリテラシー

　前述してきた生涯スポーツ振興の課題解決に資するスポーツリテラシーとは

第1章　スポーツリテラシーをめぐって

どのようなものであろうか。スポーツとの関わりの深さにより、求められるリテラシーのレベルは異なるだろうが、地域でスポーツに親しむすべての人々の共通理解として、以下の5点を挙げたい。

1) スポーツは個人が楽しみのために行う余暇活動のひとつである。ゆえに、受益者負担が活動の基本となる。
2) スポーツは教育、健康体力づくり、社会的紐帯、経済などの面で多大な効果が認められ、施設の整備や組織の育成などにおいて、公的な支援を受けている。
3) 地域におけるスポーツは、組織の運営、スポーツの指導、競技大会の開催など、すべての活動が多くのボランティアに支えられて成立している。
4) スポーツへの公的支援は、限られたスポーツ競技者やスポーツ組織のためではない。支援の対象は、スポーツをしていない者も含むすべての市民である。ゆえに、スポーツに携わる者は、ひとりでも多くの市民がスポーツを享受できるよう努める必要がある。
5) スポーツが有する他者尊重の精神は、スポーツに関わるあらゆる活動の規範となる。ゆえに、スポーツをする者は、自分たちの競技活動だけではなく、自分と異なる組織、異なる競技の活動にも配慮し、スポーツ全体としての発展を考える必要がある。

　いずれも、行政や体育協会など、スポーツ振興に深く関わる者なら、当然理解していて然るべき内容だが、理屈ではわかっていても、具体的な行動（事業）に結びつけられている者は少数派ではないだろうか。市区町村体育協会を例にみれば明らかである。地域の体育・スポーツ活動全般の推進を役目とする市区町村体育協会の多くは、加盟競技団体に、ほぼ無条件で補助金を定額支給している。この補助金は、競技団体が行う大会の運営費などにあてられるため、受益者は住民のごく一部である。本来、体育協会は加盟競技団体とともに、ひとりでも多くの人がスポーツを楽しめるよう、補助金の効果的活用を促すべきだが、ほとんどの体育協会は、毎年同じ額を出すだけである。また、加盟競技団体も、補助金の一部が税金から出ているという意識に乏しく、受益者を増やす努力も十分とは言えない。スポーツ振興に携わる者がこの状況なら、地域で自発的にスポーツをする者のリテラシーが高くないのは当然であろう。

リテラシーの視点を変えて、スポーツに関わりのない人について考えるとどうなるだろうか。メディアリテラシーの定義をアレンジして当てはめれば、「スポーツに関心のない人やスポーツに対する優先順位の低い人が、その意義に気づき、スポーツにアクセスする上で必要な情報を効果的に活用する」となる。しかし、スポーツはあくまでも余暇活動であるから、そこに関心を抱くか否かは、個人の選択の範囲であり、リテラシーと関連づけるには無理があると言える。先に述べたとおり、「健康のためにジョギングをしよう」という発想は、ジョギングという運動・スポーツの健康の保持増進効果への気づきであり、これはヘルスリテラシーの領域に含むべきものである。

5　おわりに

公益財団法人日本体育協会と公益財団法人日本オリンピック委員会の創立100周年記念式典（2011年7月15日）において発表された、「スポーツ宣言日本〜二十一世紀におけるスポーツの使命〜」では、スポーツの二十一世紀的価値を、
  ○素朴な運動の喜びを公正に分かち合い感動を共有すること
  ○身体的諸能力を洗練すること
  ○自らの尊厳を相手の尊重に委ねる相互尊敬
の3つとし、「人々がこの価値を享受するとき、宣言に言うスポーツの使命が達成される」と述べている。さらに、宣言は、「スポーツに携わる人々は、（中略）このような崇高な価値と大いなる可能性を有するスポーツの継承者であることを誇りとし、その誇りの下にスポーツの二十一世紀的価値の伝道者となることが求められる。」と締めくくられている。

スポーツの価値を広く発信するため、スポーツに関わる者に使命を課しているこの宣言は、海野と清水によるスポーツリテラシーの定義に通底する。海野と清水がスポーツリテラシーに多様な意味を持たせたのは、スポーツの現状に対する彼らの問題意識の高さからくるものであろう。

スポーツリテラシーの向上とは、スポーツ関係者の市民性（シティズンシップ）の醸成と言い換えることができる。スポーツが本来備えているその多様な価値を、社会全体に向けて最大限に発揮するためには、スポーツに関わるすべ

ての人々の市民性を底上げしなければならない。

　では、スポーツリテラシー高める具体的な方策は何であろうか。スポーツ指導現場における暴力が、20年以上も前から様々な形で否定され、2012年には大阪の市立高校の部活動で自殺者を出してなお、根絶に向かう兆しすら見えないことを考えれば、教育や啓発活動では、短期的な成果を挙げるのは不可能である。国がスポーツの公共性・公益性を再定義し、都道府県や市区町村が地域におけるスポーツ組織への財政支援のあり方を見直すなどの抜本的改革に乗り出さない限り、末端のスポーツ現場にはリテラシーの「リ」の字すら届かないに違いない。2015年秋が噂されるスポーツ庁の設置や、2020年の東京オリンピック・パラリンピックの開催を、またとない好機ととらえ、この課題に取り組むよう期待したい。

【参考文献】
海野勇三（2002）「部活動の教育的意味と教育力」，月刊クレスコ2（8）17，大月書店.
国立科学博物館 科学リテラシー涵養に関する有識者会議（2010）「『科学リテラシー涵養活動』を創る～世代に応じたプログラム開発のために～（最終報告書概要）」.
佐々木達（1985）「グローバル英和辞典 新装版」，三省堂.
笹川スポーツ財団（2012）「種目別にみるスポーツ実施状況に関する研究～『スポーツ活動に関する全国調査』の二次分析から～」.
笹川スポーツ財団（2011）「スポーツ白書～スポーツが目指すべき未来～」.
笹川スポーツ財団（2012）「スポーツライフ・データ2012」.
清水紀宏（2012）「スポーツ立国論を問う『スポーツ立国論のあやうさ』」現代スポーツ評論26，創文企画.
日本スポーツクラブ協会（2000）「平成11年度地域スポーツクラブ実態調査報告書」.
日本体育協会・オリンピック委員会（2013）「スポーツ宣言日本～二十一世紀におけるスポーツの使命～」.
文部科学省（2000）「スポーツ振興基本計画」.
文部科学省（2012）「スポーツ基本計画」.
文部科学省（2013）「体力・スポーツに関する世論調査」.

3

スポーツマネジメントのリテラシー

日置貴之（H.C. 栃木日光アイスバックス最高執行責任者）

1　スポーツチーム改革への取り組み

（1）はじめに

　この10年ほどの間、日本のスポーツの世界でも「スポーツマーケティング」「スポーツマネジメント」「スポーツ経営学」という言葉が一般的になり、大学や専門学校のみならず、スポーツクラブ運営の現場でも「経営能力」「マーケティングの知識」「チームビルディング」というような一般企業の管理職や社員に必要な知識や経験が必要であるということが理解され、積極的にそれらの言葉が発せられるようになった。筆者はそのようなビジネス上の知識や能力がスポーツチームの経営に不可欠かという問いに対しては必要不可欠である、と答えるが、「必要十分か」という問いに対しては「そうではない」というのが妥当な回答であると考える。その理由がまさに「リテラシー」という範疇に含まれるのではないか、というのが今回のテーマである。

　私事ではあるが、筆者は大学時代の専攻がジャーナリズムであり、卒業してから20年近く経つ今でも未だに強く記憶に残っているのが「メディア・リテラシー」の授業であった。授業は主に日本の報道において、情報を発信する側であるメディアと情報を受け取る側の「消費者」の双方にメディアと接するための基礎知識・批判的考察、つまり「リテラシー」が欠けている点を指摘し、情報を多角的に摂取・分析し、同時にその情報を理解するに必要な知識を十分に得るという思考や行動が不可欠であるという内容だった。情報の送り手は情報送信の目的意識が希薄であり、その情報が社会や自身の生活にとってどのよ

うな影響をもたらすのか、もたらすべきかという思考が欠けており、一方の受け手の側も情報を受動的に摂取し、批判的視点や多角的な視点をもって情報を受け取るというトレーニングが欠けていると感じた。スポーツビジネスにおいても然り、である。

やや話がそれてしまったが、今回は「スポーツにおけるリテラシー」とはなにかを、地域スポーツクラブを運営する立場から考察してみたい。

(2) H.C. 栃木日光アイスバックスとは？

筆者は2010年より今日まで、アジアリーグアイスホッケーに所属する「H.C. 栃木日光アイスバックス（以下、アイスバックス）」というスポーツクラブの経営に携わっている。

写真　氷上の格闘技と称されるアイスホッケー

アイスバックスは1999年に設立された、親会社を持たないプロアイスホッケーチームである。栃木県日光市におけるアイスホッケーの歴史は非常に長く、1998年まで日本リーグに所属していた「古河電工アイスホッケー部」の時代を含めると実に90年以上の歴史を誇り、地域のスポーツ、地域の娯楽として長く古河電工社員とその家族、そして日光の地元民に愛されていた。1998年に古河電工がアイスホッケー部を廃部にすることを決定した後、市民クラブという形で地元の有志が経営を引き継ぎ、今日まで親会社を持たないプロチームとしてアジア4ヵ国、9チームが参加するプロアイスホッケーリーグ「アジア

3　スポーツマネジメントのリテラシー

リーグアイスホッケー」にて年間50試合以上をアジア各地で戦っている。

　2006年よりチームの経営陣に栃木県内のサッカークラブでプレー経験もあったサッカー解説者として著名なセルジオ越後氏が加わり、チームの顔として地域貢献活動や営業活動で積極的に活動し、現在もチームのシニアディレクターとして選手、チームを支援し続けている。

写真　常に多くのファンが訪れる「アイスバックスアリーナ」（日光市）

　かつてアイスホッケーは、サッカーを凌ぐほど人気のあるスポーツであった。しかしながら、古河電工や雪印乳業のアイスホッケー部が廃部となり、また国土開発や西武といったチームも解散となるなど、90年代後半からは「金食い虫スポーツ」として企業スポーツの縮小の波に完全に飲み込まれ、国内リーグを成立させるのも厳しい状況に陥った。

　その結果、近隣のアジア諸国と一体となってリーグを形成する「アジアリーグアイスホッケー」がスタートし、複数国がレギュラーシーズンゲームを戦う非常に珍しいリーグが誕生した。2009年には東北地方に株式会社ゼビオが支援する「東北フリーブレイズ」が誕生、2014年にはロシアのユジノサハリンスクのチームが参戦するなど、極東アジアでリーグの拡大が進んでいる。

45

第 1 章　スポーツリテラシーをめぐって

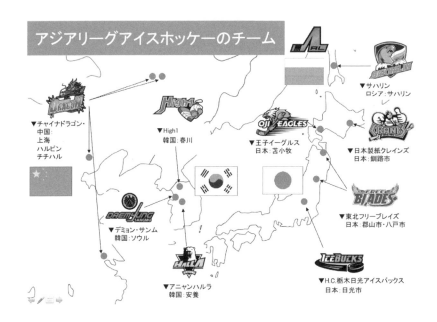

（3）チーム経営への参画

　筆者は 2010 年に旧知のセルジオ越後氏を中心とする経営陣からチームの再建へ力を貸してほしいとの依頼を受け、チームの取締役兼 GM（ジェネラル・マネージャー）の職を引き受けることになった。

　経営参画の決断まで 1 カ月の猶予をもらい、アイスホッケーの現状、アイスバックスの状況を中心に、栃木県、日光市の市場規模や競合調査などを行った。また北米への出張の際には世界のトップリーグである「NHL（National Hockey League）」を視察し、同リーグへのヒアリングなどを通じてホッケービジネスの理解に努めた。

　結果、辿り着いた結論は、日本のアイスホッケー界には連盟、リーグ、チームのすべてについて、ビジョンをもって戦略的にアイスホッケーを考えることができるリーダーが不在であり、参加企業の元選手達による運営による「競技主体」のリーグ運営がなされており、専門家によるマーケティング、広報への取り組みはなかった。また多くのチームは予算ベースで運営され、リーグは各チームからの拠出金によって審判の派遣と記録業務、スケジュール調整などを

主たる業務にしていた。

　各チームとも年々予算が削減されるなか、基本的にはアイスホッケー自体が縮小傾向にあることに気がつきながらも打つ手を思いつかず、なんとなく一年一年を乗り越えていく、という印象を受けた。

　アイスバックスについても同様に、赤字を積み重ねながらいつ破綻してもおかしくない状況の中で「潰せない」というファンや関係者の思いのみで存続している印象だった。

　しかしながら、セルジオ越後氏のカリスマ性に加え、昨年までアイスバックス一筋でキャリアを積んできた人気選手が監督に就任していること、またその監督の小学校からの同級生である日本代表のキャプテンが前年に移籍し、二人三脚でチームとアイスホッケーをよくしていきたいと思いを募らせていたことに一縷の希望を見出すことはできた。また、ここまでひどいチーム状況にも関わらず熱心に応援を続けるコアファンがいることをポジティブな情報としてどうにかして「てこ」にできないかを考えた。最終的に仕事を受けるべきか判断をするため、監督、キャプテンと直接会って話をしたところ、彼らが真剣に日本のホッケーの衰退を憂い、アイスバックスを勝たせ、チームを再生することにホッケー界の存続の夢を託していることを知り、同時に彼らが沈みかけている船で必死にもがいている姿に強く心を打たれた。このようなチームが再生を果たし、地域スポーツの発展のケーススタディーとなることができれば日本の地域スポーツやマイナースポーツのあり方が根底から変わるのでは、という前向きな思いが生まれ、アイスバックスの再生に全身全霊で取り組みたいとチーム再生に参加する意思を固めた。

（4）スポーツビジネスの特徴

　ここでスポーツビジネスの特徴についてまとめてみた。
- 勝敗という不確定要素がチームの経営に大きく影響を及ぼす。
- 人件費など固定費が大きく、キャッシュ・フローの整備が構造的に困難である。
- 「ファン」「スポンサー」「行政」「選手」など、ステークホルダーが多く、意思決定に影響を与えやすい。
- 売上の最大化が必ずしもゴールではなく、地域貢献や競技発展なども同時

第1章　スポーツリテラシーをめぐって

■ スポーツチームの運営は要件の多いビジネス環境の中で、不確実性の高い「競技」という商品を売るビジネスである。

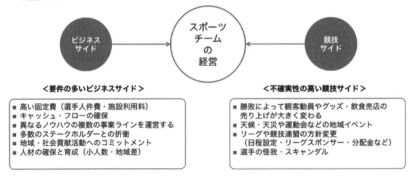

に達成することが評価となる。

このような前提において、どのような改革を行ったかを「財務」「競技」「事業」という3つの大きな領域を中心に述べていきたい。

（5）チーム改革前

今回のチーム再建は「財務」「競技」「事業」の全方位においてすべてを作り直すことが求められた。実際「作り直す」作業は「ゼロからスタートする」よりも比べ物にならないほど過酷であった。

① 「財務」について

「財務」においてはまず、過去の帳簿がないとう状況に愕然としながらも、未払いの全容の把握、新しい支払いプランの作成、銀行との交渉を行い、同時に新規の財務プランを策定し、それらをもって債権者たちに理解を得ることが必要であった。すでに数億円規模の負債を抱えている状況では会社を潰してゼロからスタートする、というのがセオリーかも知れないが、地域に根づいたチームである以上、そういった選択肢は当初から排除しており、負債の返済と利益の拡大を同時進行で行う必要があった。必ず返済する、という姿勢が最終的には債権者の皆様の支持をいただき、改革を進めるにあたり、ご迷惑をお掛けした債権者が最大の支援者であり続けてくれたのは本当にありがたかった。

② 「競技」について

競技についてはそれまでの数年間が「給与の未払い」「練習環境が整ってい

48

ない」「コーチングスタッフが監督のみ」「道具も満足にもらえない」という状況であったこともあり、選手のモチベーションは最低、登録選手の人数も足らず、そのようなチームに入団を希望するトップクラスの学生や移籍希望選手もいるわけはなかった。結果として他チームを解雇され「もう数年プレーしたい」というベテランや「力は無いけどアイスホッケーが好きです」というような若い選手が中心であり、当然ながら戦う準備ができてはいなかった。

③「事業」については

　事業については、スポンサーシップ（営業）、チケッティング、ファンクラブ以外に事業ラインはほぼ皆無だった。ファンクラブといってもサービスを提供するという主旨よりも、コアファンたちの「寄付」を求めるため、という内容であった。またスポンサーシップについても大口の地元企業数社が温かい心でスポンサーを続けて頂いており、また選手が個人的にお世話になっている地元商店街のお店や歯科医院などがチームというよりは選手のためにチームのスポンサーとなってくれていた。

（6）チーム改革への取り組み

　ここでは今回の執筆のテーマとは異なるので具体的に上げることを割愛するが、非常に簡単に取り組みの内容を整理すると、

- ビジョン・ミッションの設定と共有：
  チームのビジョン、ミッションを明確化し、それらを短期・中期の事業ごとの目標へとブレイクダウンし、週単位で進捗を確認、チーム全体で共有する。
- 提供価値（約束）の明確化：
  チームがステークホルダーに対してどのような価値の提供を約束するかを明確化する。必ず自らの努力で達成できることを約束にすることが重要。
- ステークホルダーとの目標共有：
  各ステークホルダーとチームのゴールを共有し、コミットメントを具体化する。
- プロダクト（試合と興行）の品質向上：
  時間消費型エンターテイメントとして、サービス業としてソフト・ハード両面でのサービスのクオリティーの向上を目指す。

- 人材（選手・フロント）の確保と育成（スクール）：
 チームのビジョンを理解できる人材を採用・育成し、恒久的に戦力・組織の維持・発展ができる構造を作る。
- 事業ラインの拡張：
 事業ラインを拡張し、相乗効果を含めた収入機会を増やす。また東京に一番近いチームとして首都圏全体の市場を獲得する。
- キャッシュ・フローの整備と会計管理の徹底：
 現状把握の後、信用回復と出納管理の徹底のため、会計担当の設置と外部の会計システムと業務管理システムを導入する。またキャッシュ・フローの概念を浸透させる。

というプランをすべて同時進行で実行した。

また、長期課題として取り組むべき課題を明示し、自分たちがしている活動を単なる目の前の数値目標の達成や自己満足で終わらないように心掛けている。具体的には、

- 地域スポーツクラブの社会的な役割とは何か：
 地域クラブとして果たすべき役割とはなにか、行政、観光、教育、医療、雇用、福祉など様々な分野と協力し、必要不可欠な機関となる。
- 親会社のないチーム、マイナースポーツは何を目指し、どのように存続すべきか：
 事業モデルの開発に加え、長期的に安定運営が可能なリーグ・連盟の運営を検討する。
- スポーツ選手とフロントのキャリアと育成：
 競技者のセカンドキャリアやスタッフの育成と人材の流動性を高める方法を確立する。

というテーマについて常にチーム全体で考える事を現在も継続的に取り組んでいる。

（7）チーム改革の成果

①「財務」について

当初目標である5期目での単年度黒字化の達成のめどは立ちつつあり、財務体質は飛躍的に強化された。事業ラインの拡大と販売体制の強化により売上は

3　スポーツマネジメントのリテラシー

表1　2013-14シーズンまでの事業拡大の成果

	2009－10(改革前)の売上との対比
入場料収	+158%
スポンサー営業	+229%
グッズ・飲食事業	+544%
スクール事業	+673%
ファンクラブ会費収入	+158%
その他事業[※1]	+522%

※1 メディア・CM出演、アイスショー運営、ソチ五輪予選運営、国体運営、全日本選手権運営など

飛躍的に拡大し、コスト効率を上げていくことがポイントになっている。また競技環境やエンターテイメント機材などの設備投資も一段落し、いよいよ回収フェーズに入っており、同時進行で進んでいるリーグ全体の商業化と合わせ、十分な環境が整ったと言える。また選手への未払い金や支払いの滞納などは2009年以降一度も起きておらず、対外的な信用力の向上がキャッシュ・フローの改善に非常に大きく貢献してくれている。

② 「競技」について

　チームの運営環境が決してベストではないものの最低限のレベルに到達したこと、そしてチームへの加入を希望する一流の選手が増えてきたことで、現在では戦力的には中位程度を維持できるまで戦力が向上した。

　なかでも、日本人で初めてNHL（北米の世界最高峰リーグ）に出場経験のあるGK福藤豊選手が「アイスバックスを優勝させ日本のアイスホッケーを救う」というチームのヴィジョンに共感し、リーグ内外からの数多くのオファーの中でアイスバックスを選んでくれたことのインパクトは大きく、その後、常勝チームの主将やリーグMVPなどトップクラスの選手もアイスバックスのユニフォームを着てくれるようになった。また、大学生のトップ選手もアイスバックスを選択し、さらに2014年シーズンには地元のアイスバックスのスクールで育った高校生が入団するなど、戦える環境は完全に整ったと言える。

　2011-12シーズンには古河電工アイスホッケー部時代から数えても初めてのプレイオフファイナルへと駒を進め、敗れはしたもののその劇的な逆転劇の数々は「ミラクルバックス」としてチームの歴史のみならずアジアリーグの歴

第 1 章　スポーツリテラシーをめぐって

写真　日本人で唯一、北米 NHL でのプレー経験のある福藤選手のアイスバックスの入団は大きな話題となった。

史にも大きな歴史（共有財産）となり、テレビのドキュメンタリーや書籍にもなった。また、2014 年の全日本選手権では、アイスバックスが史上初の優勝を果たし、古河電工アイスホッケー部時代から数えても 52 年ぶりの優勝を果たした。

③「事業」について

　事業ラインについては「スポンサーシップ」「チケット」「ファンクラブ」という従来の事業ラインを強化するだけではなく、「物販」「飲食」「スクール」「イベント事業」「地域事業」といった新しい事業ラインも追加し、それぞれが相乗効果をもたらしながら売上・利益ともに拡大させることができた。スポンサーシップは当初の 4000 万円弱からついに 1 億円を超えるかという規模にまで成長している。

　また、地元名産品を使った地産地消メニューや選手プロデュースの「ヒーロー丼」などの「飲食事業」や、リリー・フランキーさんがデザインしたマスコット「しかっち」をテーマとした「グッズ販売」は単に売上に貢献するだけではなく、ファンがアリーナに来る動機となり、チケット販売やファンクラブの特典ともリンクさせることでさらなる収入機会を創出した。さらには国体運営や、浅田真央らトップスケーターが集まるアイスショーをチームが招致し運営する

3 スポーツマネジメントのリテラシー

写真　毎試合、必ず行われる来場促進策

など、地元栃木・日光に様々な価値を提供できるようになった。

　このように書くと、どれもが順風満帆に、簡単に成果を上げているように聞こえてしまうが、実際は非常に厳しい試練の連続であり、何度も挫折しながら、時に一気呵成に、時に年単位の時間を掛けて改革を進めていった。特に行政やアイスホッケーの競技関係者様との信頼関係の構築は非常に重要であり、筆者自身の信頼獲得とチームの活動への理解を得るために、地道な活動を続け、栃木県のアイスホッケーの発展に寄与していることを実体験として感じてもらうことが必要であった。

　そして日を追うごとにチームのビジョンがチーム内外に浸透していったことでスタッフのみならず、ボランティアや興行に携わる協力会社の方々まで「私事」としてチームの発展に尽力してくださり、細かい指示やお願いをしなくて

第1章　スポーツリテラシーをめぐって

も「このチームはどのようなサービスをステークホルダーに提供すべき」ということが自然に広がっていく様子を見ることができたのは、「チームが人格をもって自立し始めた」と実感できた大変うれしい瞬間であった。

2　スポーツチーム経営の特殊性

第2項ではややテーマを替え、恥ずかしながら筆者が実際にチーム運営に携わるまではあまり考える事がなかった「課題」とその課題からの「発見」について述べていきたい。

（1）地縁と競技経験

地方の、それも歴史の長いスポーツチームにとっては、「地縁」もアイスホッケーの「競技経験」も無い筆者のような人物が、仮に素晴らしい経営ノウハウや成功体験を持っていたとしても、地元のホッケー関係者にとって最も大事なのは「地縁」と「競技経験」であった。東京出身の筆者は、彼らにとっては「赤の他人」であり、暗に地元のルールに従うことが求められた。競技経験が無いことは県のアイスホッケー連盟や関係者、有力OBらと話をする際に「なにも知らないなら僕たちの言うことを聞くのが一番」という序列意識に直結した。

過去10年に渡り、チームの運営は地縁のある地元の経営者、もしくはチームの元選手による経営が続いており、何度も経営危機に苛まれていたとしてもオーナーのいないクラブチームには、その理由を深く検討する主体が存在せず、3年毎に新しい経営者がチームを引き継ぎ同じ結果に到達するだけであった。このようなチームを支援したいと思う人物は「地縁」と「競技者」がある人以外いなかったというのが実情だったとも思えるが、この2つの要因がOBや地元有力者が中心だった歴代の経営陣の意思決定を難しくしていたと言える。企業再生などでも外部から人を入れない限り再生が進まないケースが多いのも同様の理由であると考える。

（2）ファンとの向き合い

ステークホルダーの中でも特に「ファン」との向き合いが非常に重要なのもスポーツチーム経営の特徴である。ビジネス的な観点から「ファン＝顧客・消

費者」という視点で事業に取り組むという感覚はあったが、実際はファンの定義は非常に難しいと感じた。

　スポーツチームはファンを増やし、新しいファンを作ることが必要であり、そのことが我々の存在意義、社会的使命を果たしていることと同義であることに気づかされた。

　一方、ファンの定義を「コアサポーター」に限定しているチーム経営者がいることには驚かされる。コアサポーターとの向き合いは確かに重要であるが、同様に、年に1回しか来られないお客さま、テレビでしか見ることができないお客さま、物理的な距離のために来場は難しいがチームの事を気にかけてくれているお客さまもみな「ファン」であり、彼ら彼女らにもちゃんと価値を還元していく意識が不可欠である。

（3）勝利と経営

　スポーツチームの経営においては、勝敗が事業の結果に影響することは事実である。ファンをはじめとして多くのステークホルダーがチームを応援、支援することの「対価」として期待するのは「チームの勝利」であり、優勝である。そして選手も当然のことながら勝利を求め、全力を尽くしてこの目標を達成すべく毎日を過ごしている。ファンも選手もフロントも、勝利の後の晴れやかですべてが肯定的な雰囲気を味わいたい。

　チームのフロントがある程度の実績がある選手やコーチをお金をかけて確保し、競技環境に必要な投資すればかなりの確率でチームの成績は向上し、確実に集客が上がり、売上も伸びる。

　しかしながら、スポーツは相手があってのことであり、必ず勝利と同じ数の敗北があるわけであり、「勝利」は料理の味や商品の機能のように担保できる価値ではない。また、我々が扱っている「商品」は選手という生身の人間の集合体であるため、怪我、ストレス、チームワーク、天候、スケジュールなど様々な要素に影響を受ける。つまり「競技」というものは本質的には極めて不確実性の高い「商品」であり、商品価値の中心に「勝利」を置くことはできない。

　一方で「チーム経営」は確実性と継続性が不可欠であり、売上を高め、費用を削減し、再投資可能な利益を継続的に確保することが求められる。この点については一般企業のビジネスと大きな違いはなく、組織を作り、目標を設定し、

実行し、分析修正するというサイクルを繰り返す。

さらに、スポーツチームは「社会的な価値をどれだけ創造できたか」「どれだけ地域に貢献出来ているのか」ということも同時に問われるため、通常では簡単な経営判断が下しにくいケースもある。

この、不確実要素である「勝利」と確実性の求められる「経営」という両輪をいかに効率よく回し、2つのゴールを同時に実現するか、これこそがスポーツチームの経営者やフロントスタッフが取り組む課題であり、スポーツチームの経営の特殊性である。

（4）スポーツと宗教の近似性

筆者はしばしばスポーツチームを『宗教』に例える。活動地域の象徴的な場所としてのスタジアムがあり（寺・神社）、コーチ、選手がいて（僧侶、神父）、熱心なサポーターがいて（檀徒）、チームのロゴ入りグッズを売り（お守り、札）、ドジャードッグのような名物料理があり（深大寺そば、伊勢うどん）、プレイオフやチャンピオンシップ、ファン感謝祭（お祭り）、スポンサーがいて（寄付）、エンターテイメントがあり（のど自慢大会、お囃子）、なによりも約束できない勝利（ご利益）を信じて足を運び、選手の一生懸命な姿（修行、祈祷）を見つめ、時として優勝や劇的勝利（奇跡体験）の様子が後世に語りつがれる、という構造は極めて宗教と似ていると思われる（筆者は宗教学の専門家ではないので間違いがあった場合はご容赦いただきたい）。

その宗教組織が施設を中心に城下町を形成し、地域の意思決定や規律、治安自治、文化の発展に深く寄与する点も現代の「地域密着型スポーツ」の原型とも言えるのではないだろうか。

地域スポーツクラブの存在意義を考えるにあたり、スポーツは地域の課題解決の一つの方法として寄与すべきという点について、宗教的発想を持つことが筆者のクラブ運営において非常に参考になった。

（5）競技とエンターテイメント性

前述の「勝敗は約束できる価値にはならない」という前提の下、「お客様の視点で（決して『競技者』の視点ではない）」何を約束できる提供価値にするか、は非常に重要であり、それを筆者は『エンターテイメント性』に求めた。エン

ターテイメントはフィクションであり、コントロール可能な価値を確実に提供することでお客様は来場してくれるはずだという考え方だ。
　私たちはホームアリーナをエンターテイメント空間に作り変える必要があった。
　家族を持つ者、仕事をする者にとって、試合が多く組まれる土曜日・日曜日は貴重な休日である。働く者にしてみれば体を休めてやっと好きなことができる日、家族を持つ者にしてみればようやく子供と遊べる日である。そのような貴重な週末をスポーツ観戦に費やすのは様々な面で負担が大きい。チケット代、会場での高くてまずい食事、子供にせがまれるグッズという実質的な出費に加え、往復の移動時間と交通費、駐車場の列、付き合わされている妻や子供への気遣い（人によるが）、など時間・ストレスも換算するととてつもないコストである。結果として素晴らしい勝利を見ることができればまだ良いが、ボロボロのワンサイドゲームの敗戦を見た後などは「自分は何をしに観戦に来たのだろう」という自虐的な思いに加え、家族の冷たい視線もあり、「もう行かない」「もう行けない」という最悪の自体になるリスクもはらんでいる。
　これらのハードルを一つ一つ取り除いていくことが集客には不可欠であり、「勝敗にかかわらず楽しい場所にする」ことでそれらのハードルをクリアしていく「イベント」に仕立てなくてはならない。つまり「お祭り」に行く感覚で年に何回かアリーナに足を運んでもらうことが必要なのである。
　今では多くのプロスポーツチームがファンサービスや演出などを積極的に行いこれらのハードルを取り除く作業をしているが、当時のアイスホッケー界にとっては衝撃的な出来事であった。
　エンターテイメント性の追求は別のメリットもある。アイスバックスでは試合開始前に会場は真っ暗になり、オレンジのスポットライトに合わせチーム紹介のオープニング映像が流れる。そして選手一人一人の映像がスクリーンに映し出され、アリーナDJが抑揚を付けて選手の名前を紹介し、ファンがそれに合わせて選手の名前を呼ぶ。
　当然ながらこれらは来場者にとってはショーの始まりを告げるオーバーチュア（序曲）であり、この演出自体の価値はチームのブランドを伝え、気持ちを高めるのに十分な効果があるのだが、実際はもう一つの重要な意味を持っている。エンターテイメント性は「選手」と「競技」のためでもある、という側面

第1章　スポーツリテラシーをめぐって

である。

「見られる」ことは選手のパフォーマンスを高めるだけではなく、競技の質を高めるために必要であると考える。スポットライトに合わせてアリーナDJとファンが自分の名前を呼び、スクリーンには自分の顔が大きく映しだされるという経験は一般人やアマチュア選手ではありえず、自分が特殊な立場に置かれていることを自覚してもらいたいという思いでオープニングの演出をしている。自分のプレーを見にお金を払ってきてくれているファンがいて、自分の一挙手一動足がすべて見られているということを感じてもらうために演出は非常

写真　オープニングムービーとマスコットの「しかっち」

に重要である。選手たちは「見られている」と感じると、自然と手を抜きにくくなり、結果として最後まで諦めず戦うことができる。またそれはラフプレーや審判への文句など、「子供には見せたくないプレー」を抑制する効果もある。

筆者が「チームのファンへの約束」として選手に求めるのは「最後まで諦めず全力と戦うこと」である。一見、アマチュア精神あふれる言葉のため誤解を受けるかも知れないが、「それが唯一スポーツの試合において競技者がファンに約束できること」であり、それ自体が非常に価値の高いサービスである。

（6）人材の確保と選手のセカンドキャリア

スポーツチームの運営で非常に苦労したのが人材の確保であった。他業種でも同様であるが、人材を確保することと、彼ら、彼女らが成長可能な組織を作ることはチームの目標達成のための非常に大きなテーマである。マネジメント能力に長けたリーダーと的確に業務を遂行するスタッフを採用できれば、それだけで半ば目標を達成できるという勇気が湧いてくるし、強い意思を持って事業に取り組める。

ただ、地方都市のしかも県庁所在地では無い町のチームでは人材の確保が非常に困難であり、また採用される側にしても場合によっては大都市からの「移住」という大きな決断を強いられる。

アイスバックスの場合、社員数は6名、マネジメントは2名の計8名という世の中でいう「零細企業」である。それに選手25名、コーチ2名、チームスタッフ3名がフルタイムで働いている。またパートタイムや試合時にはボランティア、グッズ販売や飲食売店、演出などの協力会社を加わり、最大で80人以上の運営スタッフがアイスバックスの興行を作っている。

8人の社員が事業を考え、30人の競技チームが戦い、100人のスタッフが興行を作り、2000人の観客を魅了する、と考えると事業を受け持つ8人の社員の責任は非常に重く、その意味と影響力を理解できるスタッフでなくてはならない。

また、現在は8人の社員のうち、実に半数の4人がアイスバックスの元選手である。彼らは30歳を過ぎて初めて社会人となるわけだが、採用される選手は現役時代からスポンサー営業をしていたり、ファンサービスを積極的に行っていたり、地域貢献活動に熱心に取り組んでいたりと、いずれもチームの価値

第1章　スポーツリテラシーをめぐって

を自分自身で理解し、役割を積極的に担ってきた逸材ばかりである。

　元選手を積極的に採用することはチームにとってメリットがあるだけではなく、選手自身のセカンドキャリアの問題も解決している。チームスタッフでなくても試合日にサポートしてくれる元選手やジュニアチームやスクールのコーチをレギュラーでやってくれている元選手も多く、OBとしっかりつながりを持ち続けることでチームが過去から未来へとつながりを作る事ができ始めている。

3　スポーツのリテラシーとは

（1）スポーツチーム経営という観点から考えるスポーツのリテラシーとは

　スポーツチームを経営するには、「競技上の成功」と「ビジネス上の成功」、更には「地域貢献や競技の発展」を高い次元で達成することが求められる。「製造業」の如く丁寧に商品を作り上げ、チケットを一枚一枚販売する、あるいは地元商店街のお店に（数百万円ではなく）数万円のスポンサーになっていただくといった地道な活動が不可欠でありながら、一方で「この試合は10万円払ってでも見たい」というビッグゲームがあり、勝利の後には統計的にも「グッズがご祝儀買いされる」ということも起こる、まさに宗教の「ご利益」「寄進」のような消費がなされるビジネスでもある。まさにスポーツは宗教と同じく、個々人がそれぞれの生活や心理状況によって、チームに「何か」を期待し、試合に意味づけを行い、結果を受け入れるものであり、スポーツは提供価値をその外部の存在を抜きにして定義できない、関係性によってのみ定義できる存在であるのかもしれない。

　そのような前提条件の中で行われるスポーツチームの経営とは何か？　あらゆる人が価値を見出すことのできる「器」を提供し、その本質が「個々の自己ベストを目指す努力の先に見えるもの」を「第三者を含めて皆でシェア」するという体験の場の創造である、と筆者は思う。つまり、感情的なつながり以外にこの活動全体の価値を理解し、評価する方法はないのではないだろうか（もちろん、選手の能力向上や経営における科学的指標や経営判断は必要であり、自己ベスト達成のためのこれらの必要性は否定しない）。

（2）スポーツを消費する側のリテラシーについて

　ここからはスポーツの価値を形成するもう一つの側のリテラシーについて考えてみたい。

①行政のスポーツリテラシーについて

　行政にとってスポーツとはどのような価値があるだろうか？　スポーツだけでは地域の課題を解決できるわけではないが、少なくとも一つの手段としてスポーツを活用し、教育問題の解決の一助にする、あるいは全世代でのスポーツ・レクリエーションのきっかけ作りなど様々な活用方法はあると思うが、一番大きな価値としては「郷土意識の強化」があると思われる。日本代表が日の丸を背負って世界と戦うのと同様、チーム名に地域の名前が入っている競技チームが日本列島中で、そして世界で戦う機会を活用し、自分たちの地域の広報機能を担ってくれていると考えることもできるだろう。また観戦者が域外から訪れることも考えるとインバウンドや地域活性化のきっかけになるのも見逃せない。実際にアイスバックスのホームゲームでは地元日光市や宇都宮等の宿泊施設に数百室の利用が見込めるし、飲食や観光などでお金を落としてくれる。

　このようなメリットを最大限活かせるか、それは行政のスポーツへの向き合い方にかかっている。アイスバックスの場合、日光市長が県のアイスホッケー連盟の会長であること、2010年以降、栃木県知事とのコミュニケーションのパイプができたことでアリーナ所有者である栃木県が最大限アリーナの使用条件や装飾などにトップダウンで積極的に協力してくれていることは大変ありがたい。

②ファンのスポーツリテラシー

　ファンの属性を一元的に定義するのは非常に難しいが、どのような頻度や程度であれ、ファンと呼ばれるチームの消費者がチームの価値を評価する最大のステークホルダーであることは間違いない。

　ファンに求めるスポーツリテラシーは、一種メディア・リテラシーに近いのかもしれない。テレビやインターネットの情報がどんどん単純化され、同時に過剰に情報を付加して総量が増やされている状況ではスポーツ関連の情報摂取にも影響を与えている。スポーツもまたわかりやすさ、単純さが求められているように思える。スポーツファンも子供を育てるようにチームを温かく見守り、

第1章　スポーツリテラシーをめぐって

一喜一憂しつつもチームや選手を叱咤激励してもらいたい。何かしらチームとの接点を見つけ、それをきっかけに自分のできる方法でチームを支えてくれればありがたいし、チームもまた柔軟に対応し価値還元ができる関係が必要である。

　チームは社会の「触媒」となり、あらゆる社会活動を活性化させることが重要である。

③選手のスポーツリテラシー

　スポーツ選手、特にプロスポーツ選手にとって「見られている」という認識を持つことが非常に重要だと考える。公私を問わず常に見られ、影響力のある立場であることを客観的に認識することが必要である。

　試合においても「全力で戦う」ということがステークホルダーとの最低限の約束であり、約束である以上、絶対に守るという意識が必要である。「全力で戦う」という表現は幼稚に聞こえてしまうかも知れないが、どんな状況であっても、例えばサッカーで言えば試合終了まで10分を残して0対5で負けている試合で、すべての選手が全力で走り、全力で守り、ゴールに必死に迫れるか、ということである。下を向いてプレーする、ラフプレーが増える、ボールを追わずにロングボールを放り込むだけのプレーになるといったことをせず、最後まで全力を尽くすというのは非常にレベルの高い、しかし約束可能なことである。

④スポンサーのスポーツリテラシー

　スポンサー企業には大きく分けて2つのタイプがある。1つは純粋に広告媒体としてスポーツを選ぶ、すなわち広告費用対効果でスポーツチームやリーグのスポンサーになるケース、もう1つは会社の社会貢献や地域貢献、企業内の福利厚生目的など、広告価値ではなく、企業価値の向上や企業の社会的使命のためにスポンサーになるケースがある。前者ではスポンサーは広告効果や企業名認知の向上などのメリットが、後者ではそれらに加え、ブランドの価値向上や地域活動を可視化しより影響力の大きい活動に昇華することができる。

　いずれのケースにおいても企業自身が自社とスポーツの関係性をしっかり定義づけ、目的意識を明確にした上でスポーツチーム任せではなく、双方向でしっかりと意見を交換しながら価値創造をしていくことが大事である。

⑤メディアのスポーツリテラシー

筆者は、メディアのスポーツへのリテラシーの向上が最もハードルが高いが、しかし日本のスポーツの発展にとって大きな価値をもたらすと考える。
　政治と同様、メディアの成熟はその国の精神的、思想的、文化的な豊かさに直結する。
　スポーツは大衆的、ゴシップ的な価値があるということは認めるが、中長期的にスポーツを支え、競技の発展に寄与する気概を持つことで日本のスポーツ全体が活性化できるのではないだろうか。人気のある野球やサッカーなどは、御用メディアとなり政治や大企業への対応同様、権力の監視機能が果たせず、批判的思考も停止しているのでは、と感じることも多々ある。
　情報を摂取する側が求めているから、と逃げずにしっかりとスポーツを育て、ファンを育て、スポーツ自体を成熟させてもらいたいと切に願う。

4　まとめ

　筆者はスポーツチームの経営に携わる人、信仰を職とする人、そして政治家もその社会的使命においては同様の職業ではないかと思うことがある。自分自身が歴史の一部として大きな潮流の中にいて、10年後、50年後にバトンを渡さなくてはならないという意識を持ち、必要な時に身を投じ、必要な時に身を引くような柔軟さと潔さがあること、そしてそれをするために客観的に社会を見る事ができる力が必要であると考える。
　同時にステークホルダーたちの話をよく聞き、ステークホルダー間の利害調整を行い、すべてのステークホルダーを巻き込んでチームの目標を達成するという気概と行動力を持つことが重要である。
　また、チームの経営をするということは、常に多くの視線にさらされ、批判の対象になりやすく、一方で賛辞の対象にはなりにくい（なるべきではない）仕事ゆえ、自身の目的意識が明確でなければ精神的に大変きつい仕事である。
　筆者自身、常に心がけたのは「批判や意見には徹底的に向き合う」ことであった。生来そういう性格なのかもしれないが、逃げずに向かい合うということがどれほど重要なのかを改めてこの仕事から教えられた。
　特にサポーターや地域の人たち、連盟の人たちとは、いかなる時でも真剣な向き合いが必要であり、当初はとてもストレスに感じたが、よく話をすれば、

第 1 章　スポーツリテラシーをめぐって

意見の相違に感じたことは、お互いの情報の欠如や時間的な尺度の違い、目標達成へのアプローチの違いでしかない場合が多く、また全く異なる考え方であっても丁寧に説明をし、理解を得る努力をすれば理解を頂ける場合が多かった。絶対に逃げずに向き合うことが必要であると学ぶことができたのは人生最大の学びかもしれない。

　最後に、スポーツチームの経営は本当にエキサイティングで素晴らしい仕事である、と付け加えたい。
　自分の世界観を世の中に発表し、それが人の感情を揺さぶり、共有され、自分が描いていた以上の光景が目の前に広がる。
　ある日は自分が天才なのではと自惚れ、ある日は自分の無力さに絶望する。その繰り返しを毎週末味わえる仕事はそうは無いだろう。
　筆者はマイナースポーツの小さなクラブしか経営をしたことが無いが、それでも数千人の観客が劇的な勝利のあと、声を枯らして、汗だくになりながら、見知らぬ隣の人と手を叩き合い、最高の笑顔で楽しそうに帰っていく姿を見ると、自分がしている仕事が間違いなく人の生活を豊かにできている、特別な時間と空間を提供できている、という幸福感を与えてくれる。それがスポーツチームの経営の醍醐味である。

第2章

他分野におけるリテラシー概念とその変容

リテラシーとケイパビリティ
―金融教育のケース―

伊藤宏一（千葉商科大学）

　人間の中に潜在的にある能力とは何だろうか。金融教育という場面では、従来それを「リテラシー」という概念で考えてきた。しかし近年、特に2008年のリーマン・ショック以降は国際的に、「ケイパビリティ」という概念で把握する理解が進んでいる。ここでは、その動向をフォローすると同時に、我が国における今後の金融教育の在り方について考えてみたい[1]。

1　金融教育を廻る国内外の動向

　金融は近代社会において本来、経済の潤滑油という役割を占めるべきものであるが、2000年代になって、金融そのもので利益をあげようとする金融資本主義の様相を濃くし、2008年のリーマン・ショックとそれに続く国際金融危機という事態に至った。米国では多くの中低所得者が、収入による返済能力がなく金融知識も金融理解も不十分であるにも関わらず、不動産価格の上昇を前提に金融機関がサブプライムローンを融資した。リーマン・ショックによって不動産価格は暴落し、多くの人々が住宅を手放さざるをえなくなった。またサブプライムローンを証券化したデリバティブ金融商品が世界中に出回り、それが一挙に暴落し信用収縮が起こった。こうした中で世界各国は金融政策を協議し、金融監督当局による金融機関への規制を強化し、消費者保護政策を強化する方向を打ち出したが、同時にこれと並んで、消費者が適正な金融行動をとるための金融教育が不可欠であることが認識され、OECDを先頭に、そのための一連の金融教育施策の強化が行われるようになった。
　こうして2012年6月、OECD/INFE（金融教育のための国際ネットワーク）

は金融教育の国家戦略のためのハイレベル原則[2]を発表する。同月に開催された G20 ロスカボスサミットは、この原則を承認し、世界各国で新たな金融教育の推進が始まった。我が国でもこれを受け、金融庁金融研究センターは同年 11 月に「金融経済教育研究会」を立ち上げて、金融教育に関する新たなフレームワークを研究し、翌 2013 年 4 月に画期的な報告書[3]を公表した。2013 年 6 月には同報告書に基づき、金融広報中央委員会内に金融経済教育推進会議が設置され、報告書の内容の実践を開始した。

　他方、我が国では金融教育と関連の深い消費者教育分野で、2012 年 8 月に消費者教育推進法が成立し、翌 2013 年 6 月 26 日に、2013 年以降 5 年間の消費者教育推進に関する基本的な方針が閣議決定されたが、その中には「消費者教育の一環としての金融経済教育の推進」が明記された。

　ロスカボスサミットから 1 年後の 2013 年 9 月、G20 サンクト・ペテルブルクサミットでは、OECD とロシア財務省が、金融教育の国家戦略の進捗について報告した。また OECD/INFE は、2014 年 2 月末に、ソウルで「長期貯蓄と長期投資（Long-Term Saving and Investment; LTSI）のための金融教育」をテーマにした国際シンポジウムを開催し、日本の金融教育が「リデザインされた」と評価されている。

2　OECD の金融リテラシー概念

　我が国では従来、金融教育は「金融に係る知識の普及」（金融庁設置法第四条二十一）あるいは「金融経済情報の提供と金融経済学習の支援」（金融広報中央委員会活動方針）を中心に行われてきた。いわば知識中心主義である。しかし OECD によれば金融教育とは、「金融消費者ないし投資者が、金融に関する自らの well-being（良い暮らし）を高めるために、金融商品・概念およびリスクに関する理解を深め、情報・教育ないし客観的な助言を通して金融に関するリスクと取引・収益機会を認識し、情報に基づく意思決定を行い、どこに支援を求めるべきかを知り、効果的な行動をとるための技術と自信を身につけるプロセス」（PRINCIPLES AND GOOD PRACTICES FOR FINANCIAL EDUCATION AND AWARENESS. 2005.）と規定されている。また「消費者の金融知識を向上させるより、むしろ金融行動に影響を与えることを目的とする革

第 2 章　他分野におけるリテラシー概念とその変容

新的なツールを、開発し使用し評価するよう奨励すべきである。このためには、ソーシャル・マーケティングの手法や行動経済学および心理学の分野での調査の成果を活用することも考えられる。(「金融教育の国家戦略に関するハイレベル原則」, 2012)」とも述べられている。ここで重要なことは、金融教育の目的は最終的には消費者が適切な意思決定を行って適切な金融行動をとることに置かれており、知識や情報収集はその一里塚であり、また助言も教育に含まれる、としている点である。

　この考え方に基づいて更に、金融教育の基本概念は金融リテラシーであり、それは、「金融に関する健全な意思決定を行い、究極的には金融面での個人の良い暮らし（well-being）を達成するために必要な、金融に関する意識、知識、技術、態度および行動の総体」（同「ハイレベル原則」, 2012）と規定されることになる。金融リテラシーを構成するこれら金融意識、金融知識、金融技術、金融態度、金融行動とはどのようなものであり、それらはどのように関連しているのか。あるいはどのような構造で結びついているのであろうか。

　金融意識とは、例えば「将来は預貯金だけでは不安だ」「保険料が高いので見直さないと」「臨時収入が入ったので思いっきり使ってしまおう」といった事柄であり、金融が消費者の心理や感情に及ぼす影響と密接に結びついて形成されるものである。金融知識は「今の普通預金金利は 0.02%」「国民は 20 歳から強制加入となる」、金融技術は「クレジットカードを上手に使える」「金利計算ができる」といったことである。更に金融態度とは、例えば「お金に慎重な性格」「お金のことには大雑把」あるいは「衝動買いしがち」さらに「金銭的余裕があるかどうかをよく考えてから買う」「投資信託の選択に自信がある」といったことで、本人の性格や心理、家庭の習慣や親の価値観などから影響を受けていると考えられる。そして最後に金融行動とは、これらの事柄が行動に移されることで「住宅ローンを固定金利タイプに変えた」「FP に相談しに行った」といったことである。

3　金融リテラシーと金融ケイパビリティ

　ところで国際動向をみると、英米では金融教育の基本概念として金融ケイパビリティが採用されてきた経緯がある。

4 リテラシーとケイパビリティ

 英国では1997年に誕生したブレア労働党政権によって金融サービス庁（FSA）が設立された。FSAは翌1998年11月に「金融サービスに関する公衆の理解促進；消費者教育のための戦略」を公表し、1999年に、「金融リテラシー教育」と「消費者への情報提供および助言」の2つを柱とする「消費者教育プログラム」（FSA, 1999）が策定された。ここで、「金融リテラシー」とは「情報に基づく判断を行い、資金の活用および管理に関して効率的な意思決定を行う能力」であり、「金融リテラシー教育とは、金融サービスについて質問できる情報を持った消費者になり、自分のファイナンスを効果的に管理するために必要な知識・理解・スキルの土台を個人に付与する教育」である。このイギリス的金融リテラシー概念は、既に金融知識ばかりでなく金融行動の次元も含むものであったことを確認したい。他方、ブレア政権発足後に組織された「シチズンシップ諮問委員会」が1998年「シチズンシップの教育と学校における民主主義の教授」と題する報告書を公表し、1999年政府は、新たな「ナショナルカリキュラム」を制定し、シチズンシップ教育を推進する。ブレア政権は教育を重視し、その中心となる教育政策がシチズンシップ教育であった。教育雇用省は同年、このカリキュラムの一環として「個人、社会、健康教育（PSHE）とシチズンシップ」に関するフレームワークを出し、その一環として金融教育が位置づけられ、翌年『パーソナルファイナンシャル教育による金融ケイパビリティ―学校のためのガイダンス』（DfEE, 2000）が出された。FSAは、これに対応するため、シチズンシップの重要な内容である「社会的責任」にも基づく社会性を金融教育に導入する事を認識し、2002年に「金融ケイパビリティ向上グループ」を発足させ、2003年に『金融ケイパビリティための国家戦略に向けて』（FSA, 2003）という報告書を作成し、「金融ケイパビリティ」を基本コンセプトとする国家戦略への大きな転換を図った。2000年の『ガイダンス』では、金融ケイパビリティの3要素として、知識・理解、スキル・コンピテンス、と共に「金融責任」を示し、こう述べている。
「金融責任とは、個人の将来だけでなく、より多くは社会的レベルでの、お金と個人の金融上の意思決定が及ぼす広範に影響についてのことである。それは金融上の意思決定が、個人に対してばかりでなく、その家族やコミュニティに対しいかにインパクトを与えるかについての理解を含んでいる。金融ケイパビリティのある若者は、金融上の意志決定と行動を、社会的・道徳的・美的・文

第 2 章　他分野におけるリテラシー概念とその変容

化的・環境的な価値判断にリンクさせる。それゆえ彼らの金融上の意思決定と行動は、社会的・倫理的次元を有している。」

　他方米国では、オバマ政権発足から約1年後の2010年1月29日、前政権からの「金融リテラシーに関する大統領諮問委員会」を、「金融ケイパビリティに関する大統領諮問委員会」に名称変更する大統領令（THE WHITE HOUSE, 2010）が発表された。そこでは「金融ケイパビリティとは、知識とスキルとアクセスに基づいて金融資源（リソース）を効果的に管理する能力である。この能力を発展させるために、個人は、金融商品や金融サービス・金融コンセプトに適切にアクセスし、それらを理解しなければならない。金融ケイパビリティは、個人に、情報を選択し、落とし穴を避け、どこに助けを求めにいったらよいかを知り、現状を改善し長期的な金融的健全性ないし金融面での良い暮らし（well-being）を改善するための行動をとる力を与える。」と述べられている。

　ここで、英国では社会的責任が、米国では金融サービスへのアクセスが、金融ケイパビリティ概念で強調されていることに留意したい。

　こうした経緯を前提にした上で、OECD は、金融リテラシー概念をなぜ基本概念としたのであろうか。「学校における金融教育に関するガイドライン」最終ドラフト（OECD/INFE, 2011）では、金融リテラシーは「単独で、マネーの個人的な使用と管理および個人の生活での金融的な意思決定に関するインパクトにフォーカスされるかもしれないし、また個人の金融的な意思決定とより広い社会や環境との相互作用を考慮する広い視野を含んでいてもよい」と述べている。また「金融リテラシー調査報告書」（2012）において OECD は、金融教育プログラムの全体的成果に関する定義について、多くの場合、その国の文化にもよるが、「金融ケイパビリティ」あるいは「金融リテラシー」として言及されているとして金融ケイパビリティ概念を認めている。しかし「基本的には同一の内容を含んでいる」と評価し、「単純化のために、本文書の残りの部分では金融リテラシーを使用する」として金融ケイパビリティ概念を基本概念として押し出すことはしなかった。OECD は、英米の金融ケイパビリティ概念が強調する社会性の次元、つまり「個人の金融的な意思決定と社会や環境との相互作用」については考慮せず、まずは単独でマネーの個人的な使用と管理および個人の生活での金融的な意思決定に関するものとしての金融リテラシー概念を使用したと考えられる。それは多くの発展途上国における金融教育が、個人

の問題にフォーカスされるからだとの判断に基づいているからではないかと推察される。

4　英国 FSA の金融ケイパビリティ概念のもう一つの視角

　ここで英国における金融ケイパビリティ概念について、社会性のレベルとは別の、個人のレベルの詳細な分析をみてみよう。『金融ケイパビリティの測定：予備研究』（FSA，英国金融サービス庁，2005）によれば、消費者に金融ケイパビリティがあることを実際に示すのは金融行動においてであり、金融行動は〈知識と理解〉、〈スキル〉、〈自信と態度〉という3つの要素に影響されるとする。そしてこの3要素すべてが、人々の経験と置かれた環境の影響を受けており、また自信と態度については、個人のパーソナリティが影響を及ぼしている、そしてこのすべての要素全体が、金融に関する情報環境とアドバイス環境の中で機能している、と説明し以下の図を掲げている。

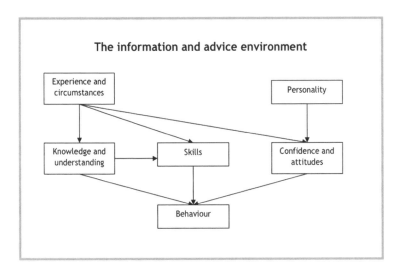

　最終的な出口としての金融行動には、金融知識・金融技術・金融態度が影響を及ぼしており、それらには更に個人の経験や環境そしてパーソナリティが影響を及ぼしている、そして情報とアドバイス環境がそれらを取り囲んでいるというこの構図には、金融意識という概念は位置づけられていないが、既に2で

第 2 章　他分野におけるリテラシー概念とその変容

述べた OECD の金融リテラシー概念の構造を理解する手掛りとなるのではないだろうか。

　同『予備研究』では、更に金融ケイパビリティの諸要素について議論しており、人々は、金融ケイパビリティを、①マネー管理、②予め計画する、③選択する、④助けを得る、という区別された 4 つの面を持つと感じており、金融に関する知識・理解、スキル、態度・自信そしてパーソナリティを、この 4 つの活動との関係で分析している。

　こうした検討を重ねた結果、金融ケイパビリティの構成要素として、①収支を一致させる、②収支の記録をつける、③予め計画を立てる、④金融商品の選択、⑤金融問題に精通していること、の 5 つを挙げ、これを基本に調査項目がたてられた。

　ところで米国財務省が 2009 年に行った金融ケイパビリティ調査では「金融ケイパビリティとは、人々がいかに収支を一致させ、予め計画を立て、金融商品を選択・管理し、金融の意思決定を行うための知識とスキルを、どれくらい持っているか、を測定する用語である。」とされている（Lusardi, 2011）。これは、英国の「予備研究」における 5 項目を 4 項目すなわち 1. 収支を一致させる、2. 予め計画を立てる、3. 金融商品の選択・管理、4. 金融知識とスキル、に集約されたものと言う事ができる。そしてこの 4 項目は OECD の「金融リテラシーベース調査発展のためのフレームワーク」（OECD/INFE, 2009）でも使用されており、項目名としては 1. 日々の資金管理、2. ファイナンシャル・プランニング、3. 金融商品の適切な選択、4. 金融知識と理解、となっている。

5　センとヌスバウムのケイパビリティ概念

　金融ケイパビリティ概念の土台となっているのは、アマルティア・センのケイパビリティ概念である。既に述べた金融ケイパビリティをめぐる OECD や英国・米国の議論の背景にはセンのケイパビリティ概念が控えており、いわば金融ケイパビリティの理論的・哲学的基礎となっている。したがってこれを理解する事が金融ケイパビリティに関する理解を深める事に役立つ。そこでセンの最新の見解（『正義のアイデア』, 2009）をフォローしながら、その特徴と金

4　リテラシーとケイパビリティ

融ケイパビリティへの応用を分析することとする。

　第1にセンは、ケイパビリティを人間の well-being つまり「現実の良い暮らし」を示すコンセプトであり、それを測る基準としてとりあげる。それは、個人の主観的な効用や幸福あるいは快（効用に基づくアプローチ）とも、客観的な所得や富や資源（リソースに基づくアプローチ）とも対比されるアプローチであり、個人の優位性は、人が価値を認める理由のあることを実際に行うことができるケイパビリティによって判断される。例えば、ある人が所得は高いが病気がちだったり、あるいは身体的傷害のためにハンディがあるとすると、その人は単に所得が高いというだけで非常に優位にあるとは言えない、その人は生活の手段の一つである所得は高いが、それを良い生活に変換する上で困難に直面している。とセンは説明する。これに習って言えば、多額の退職金を得た人が、リーマン・ショック直前に、自分のリスク許容度や分散投資を知らずに、リスクの高い金融資産に一度に投資し、リーマン・ショック後に資産を半減させてしまったとすると、それは金融ケイパビリティが欠如している、ということができる。

　第2にセンは、ケイパビリティを人々が価値とみなす様々な機能の束を成し遂げる能力とし、個々のケイパビリティについて語るのが便利なこともあるが、価値ある諸機能の組み合せを達成する能力に究極の関心を払うものであると論じている。例えば、ある人にとって栄養状態が良いというケイパビリティは、まともな家に住むというケイパビリティとトレードオフの関係にあるかも知れず、貧困はそうした困難な選択を避けられないものとする、としている。例えば人生の目的を持ち生活設計を立て、その実現のために日々前向きに生きているというケイパビリティは、金融ケイパビリティの発展に大きないい影響を及ぼすということが言えるだろう。また自分に価値あると思うものと価値がないと思うものを区別できるケイパビリティがあることは、浪費を防ぐことになり、同様に金融ケイパビリティにいい影響を与えるだろう。

　第3にセンは、功利主義的伝統ではすべての評価を「効用」という同質的な量に変換してきたが、我々にとって価値があると考える利用のあるすべてのものを一つの同質的な量に還元することはできない、と述べている。金融的価値つまり交換価値が、人が価値あるとみなす機能の最大のものとみなすのは、この点で誤りであると言える。

73

第2章　他分野におけるリテラシー概念とその変容

　第4にセンは、ケイパビリティは、主として個人の属性と見なされるので、社会とは切り離されていると誤解されている面があるが、ケイパビリティの中に、コミュニティの生活に参加することといったことがあり、また社会が個人のケイパビリティに影響を与える、という社会との相互作用を考えるべきである、としている。金融ケイパビリティに関して言えば、自分の資産の一部を社会のために寄附したり、社会にいい影響を及ぼす企業に投資する、といった金融ケイパビリティがあり、また逆に、不況や失業などは人々の金融ケイパビリティに否定的な影響を及ぼすということができよう。センは金融ケイパビリティをケイパビリティの一般的概念に含むものとし、なぜそれが反貧困戦略で普通に使われるようになったかを議論している。金融資源の欠如や金融資源のために使う知識の欠如、そして利用可能な金融サービスの評価の欠如、そして行動への能力ある動機の欠如、これらのどれをとっても、金融ケイパビリティあるいは適切な金融選択を行う能力の欠如を意味するとし、金融ケイパビリティの改善は、人々の社会参加を促進し、貧困を減らすことに寄与するだろうと考えていた。

　マッカイドおよびエグデル[4]は、こうしたセンの視点に立って、議論を発展させる。人々の金融ケイパビリティと変化する金融環境に対応する能力は、彼らの様々な資産によって影響を受ける。この資産とは、本人にアドバイスをし、金融的支援を行う友人や家族との社会的ネットワーク、給与を支払う仕事や相続財産などの金融資産、そして金融に対する理解と意思決定の助けとなる高いレベルの教育といった人的資産などを意味する。したがって金融ケイパビリティは、他の実践的で達成可能な様々なケイパビリティとリンクしており、また彼らの望む事を実現し変化する環境に対応できるようにすることの助力となる、としている。金融ケイパビリティを単独で孤立してみることなく、他のケイパビリティや、そのケイパビリティの蓄積としての社会的資本（社会的ネットワーク）・金融資産・人的資産との関係や相互作用をみるという資産構築（Asset Building）の視点は重要である。

　第5にケイパビリティとは自分の良い暮らし（well-being）の達成だけを目指す能力なのではなく、他の人々の良い暮らしも達成しようとする倫理的側面があるという点である。センと共にケイパビリティ概念を研究したマーサ・ヌスバウムは、人間の中心的な機能的ケイパビリティのリストを挙げている[5]。

74

その中には生命の保全や身体的健康そして「自分自身のやり方で人生の究極の意味を追求できること」や「良き生活の構想を形成し、人生計画について批判的に熟考することができる」生活設計能力といった個人的な内的ケイパビリティがあるが、同時に「私たちを愛し世話をしてくれる人々を愛せること、そのような人がいないなることを嘆く事ができること」という愛する感情、「他の人々と一緒に、そしてそれらの人々のために生きることができる」という連帯、そして「動物、植物、自然界に関心を持ち、それらと関わって生きる」という自然との共生といった倫理的事柄を、ケイパビリティとして挙げている。

　ケイパビリティを単純に「能力」と訳し、金融ケイパビリティを「金融能力」と訳すと、単に個人の能力という意味に誤解され、特に金融については、自分の利己的な経済的欲望を効率的に追求するという利己的・競争的意味に誤解される恐れがある[6]。ケイパビリティ概念が、他者や自然への配慮・ケアの能力ということを含むと理解できれば、環境配慮型金融商品の購入やSRI、そして被災者支援の寄附は、まさに金融ケイパビリティの発揮と把握することができる。そうした点で東日本大震災で数千億円の寄附が集まったのは、日本人の金融ケイパビリティがいかにすぐれた面を持っているかを示す証拠の一つであると言えよう。

6　金融経済教育研究会報告書の意義と課題

　2013年4月末に発表された金融経済教育研究会報告書は、金融教育に関する国際動向をふまえ、金融知識至上主義から脱皮して、金融行動にフォーカスし、そのための金融リテラシー概念を導入した。本論に関連する重要点は次の通りである。

　まず第1に金融知識至上主義から脱皮して金融行動重視の方向性が示されたことである。

　第2に金融教育において最低限修得すべき金融リテラシーを設定し、金融リテラシーの4分野として（a）家計管理、（b）生活設計、（c）金融知識および金融経済事情の理解と適切な金融商品の利用選択、（d）外部の知見の適切な活用、が位置づけられ、その下で15項目が整理された。この4分野の設定の意義は大きい。まず、2000年代に入って我が国では、「貯蓄から投資へ」という

第2章　他分野におけるリテラシー概念とその変容

政策方向が打ち出され、金融教育もともするとこのスローガンにそって投資教育を中心とするかのような方向が一部でとられた。しかし投資は金融教育の重要な構成要素ではあるが、先の4分野のうちの（c）金融知識および金融経済事情の理解と適切な金融商品の利用選択の分野に入り、15項目のうちの一つを構成するものと位置づけられた。次に我が国の金融教育は、学校教育においては、家計管理と生活設計が家庭科、金融経済事情の理解が社会科、またこれらと別に総合的学習の時間で金融教育の取り組みがあり、バラバラであったのだが、この4分野の整理によって、それらが密接に関連し合う要素という理解がされるようになったのである。さらに社会人に対する社会教育の分野では、既に社会で働いており、日々金融的意思決定を行っているが、学校ではほとんど金融教育を学ばなかった社会人に対して、（d）外部の知見の適切な利用という第4分野が設けられ、中立的で予防的なアドバイスをファイナンシャル・プランナーなどからもらうことが、金融教育の一環であるということが示されたことも大きい。既に述べたように金融上の意思決定には、心理・感情や価値観・態度といったパーソナルな要素があり、それらを客観的に評価して適切なアドバイスをしてもらえるアドバイザーの存在は、社会人にとって不可欠であろう。また高齢者で認知能力が低下したり、意思決定能力が低下している場合にも、中立的なアドバイザーの助言を受けることは重要となっている。

　第3に本報告書は、英米の金融ケイパビリティ概念を導入しなかった。報告書は、冒頭で「公正で持続可能な社会の実現」を金融教育の意義・目的としているが、実際には金融ケイパビリティ概念を導入せず、金融教育における社会性や社会的責任の概念の検討が行われず、したがって消費者教育推進法における社会性が考慮された「消費者市民」概念との連携が不十分なレベルに留まった。2011年3月に発表された文部科学省の「消費者教育の指針」において消費者教育の目的の一つは、「自己の利益だけを求めるのでなく、他者や社会との関わりにおいて意思決定し、よりよい社会を形成する主体として、経済活動に関して倫理観をもって責任ある行動をとれるようにする」こと、および「消費を、持続可能な社会を実現するための重要な要素として認識し、持続可能な社会を目指してライフスタイルを工夫し、主体的に行動できるようにする」として社会性の次元が重要であることを指摘している。2012年に成立・公布された「消費者教育推進法」においても「消費者が、個々の消費者の特性および

消費生活の多様性を相互に尊重しつつ、自らの消費生活に関する行動が現在および将来の世代にわたって内外の社会経済情勢および地球環境に影響を及ぼし得るものであることを自覚して、公正かつ持続可能な社会の形成に積極的に参画する」ことを強調している。この後者の視点は、まさに金融ケイパビリティ概念が示している内容と一致している。金融経済教育研究会報告書は、金融経済教育の目的に、消費者教育推進法が目指す「公正で持続可能な社会の実現」に貢献していくと述べているのであるから、金融教育の基礎概念についても、金融ケイパビリティを使用することが論理的帰結であると言えよう。

7　クラウド・ファンディングと金融教育

　リーマン・ショック以降、国際社会で台頭してきたことの一つがインターネットを活用したクラウド・ファンディングである。クラウド・ファンディングは、ソーシャルファイナンスの一環であり、例えばキバ・ジャパン（http://kivajapan.org/）では、アルメニアで農業を営むヘリグナッツさんが農業改善等のために融資を呼びかけたところ、東京都昭島市の啓明学園高校の高校生16名が少しずつお金を貸した。そしてきちんと利息をつけて返済が進んでいる。高校生は「やっと自分でも出来ることが見つかった気がしました。KIVA のシステムは、お金を貸す方にも、借りる方にもメリットがあると思います。…私は、過去に募金をしたことは何度もありますが、そのお金はどう使われ、誰のもとに届くのか分からなかったので、本当に役に立てているのか不安でしたが、KIVA のシステムならこの心配はないと思いました。」と述べている。また GREEN FUNDING Lab では、昨年 SHY FLOWER PROJECT（https://greenfunding.jp/lab/projects/287-shy-flower-project）という寄付の募集があった。パーティやテレビ番組などで飾られたあと、生ゴミとして捨てられる大量の花がある事にショックを受け、大学の同級生2人がはじめた、捨てられる花を再生させるプロジェクトで、目標金額は15万円。1口3,000円から10万円までの資金を募り、thanks メッセージやパーティご招待などの「リターン」を用意した。最終的に65人から24万500円の支援金が集まり、資金調達は大成功した。

　以上のようなインターネット上でのソーシャルファイナンスが若い人々の間で進んでおり、また他方では2014年、再生可能エネルギー事業を行う市民電

第 2 章　他分野におけるリテラシー概念とその変容

力会社への市民出資（1 口 10 万円で 10 年程度の投資期間）も各地で募集が行われ、数億円規模の市民による出資（http://www.greenfund.jp/）が完了している。これらの事例からわかるのは、社会性ある金融つまりソーシャルファイナンスが既に人々の間で実行されているという事実である。こうしたことが持続可能な社会の実現に資する金融行動であることは明らかであり、その意味で、こうした社会性を視野においた金融ケイパビリティ概念を我が国の金融教育の基礎概念として導入することは、極めて適切なことであると言える。

【注】
1) 本稿の執筆にあたっては「金融ケイパビリティの地平」http://www.jasfp.jp/pdf/12-itou.pdf 他の拙論に依拠しているので、参照されたい。
2) http://www.shiruporuto.jp/teach/consumer/oecd/pdf/oecd001.pdf
3) http://www.fsa.go.jp/news/24/sonota/20130430-5.html
4) McQuaid andEgdell.V (2010), Financial Capability-Evidence Review, Ronald,Edinburgh.
5) マーサ・ヌスバウム『女性と人間開発―潜在能力アプローチ―』岩波書店，2005，p99-100.
6) 経営戦略論の分野では、企業組織の競争的な能力をケイパビリティと呼んでいるが、これはセンらの概念とは、異なっている。

情報化社会における ヘルスリテラシーの研究動向

光武誠吾（早稲田大学スポーツ科学研究センター招聘研究員）

1 ヘルスリテラシーが注目される背景

　近年、テレビや新聞、インターネットなどの媒体を介して、健康や医療に関する情報（健康情報）に簡単に触れることが可能となった。しかし、一般市民が取得できる健康情報の中には不確実で根拠のない情報も少なくない。そのため、自らの健康管理や医療サービスを受ける際に必要な情報を扱うには、信頼性の高い情報を探索し、情報の質を評価する必要がある。

　このような背景から、自らの健康管理のために健康情報を適切に扱うスキルであるヘルスリテラシーといった概念が欧米を中心に注目を集めてきた。そもそも、リテラシーという言葉は「読み書きの能力」や「識字力」という意味だったが、近年はある分野に関する知識や能力と表現されることが多い。ヘルスリテラシーは健康に関連したリテラシーで、1998年、WHO（World Health Organization）は「健康の維持・増進のために情報にアクセスし、理解、活用する動機や能力を決定する認知的、社会的スキル」と定義している（Nutbeam, 1998）。2005年の世界ヘルスプロモーション会議で採択されたバンコク憲章には、人々が獲得すべき能力の中にヘルスリテラシーが盛り込まれ、世界的にも注目を浴び始めた。2009年、ナイロビで行われた世界ヘルスプロモーション会議では、5つの主要テーマの中にヘルスリテラシーが含まれており、「①多くの人々に影響する」、「②不健康へ影響する要因」、「③慢性疾患の増加」、「④医療費」、「⑤ヘルスインフォメーションの必要性」、「⑥公平性」といった点から重要だと考えられている。

第 2 章　他分野におけるリテラシー概念とその変容

　ヘルスリテラシーが注目される背景には、情報化社会の進展だけでなく、健康格差の拡大を解消するための要因として期待されていることも挙げられる。特に、国民間の健康格差が大きいアメリカでは、健康格差を埋める重要な戦略として、健康政策指標である Healthy People 2010 の中でヘルスリテラシーが取り上げられている（U.S. Department of Health and Human Service, 2000）。さらに、Healthy People 2020 では国民のヘルスリテラシーの向上が具体的な目標とされている（U.S. Department of Health and Human Service, 2010）。

　健康格差が拡がるアメリカと対極にある日本は国民間の健康格差が小さい国として紹介されることがある。しかし、近年の都市への人口集中や少子高齢化といった社会的背景から健康格差の拡大が懸念されている。健康政策である健康日本 21（第 2 次）でも具体的な目標として「健康格差の縮小」という文言が示されており（健康日本 21（第 2 次），2013）、日本でもヘルスリテラシーの重要性が増すことが推測できる。ヘルスリテラシーに関する研究は欧米で先進的に行われており、その高さは病気に関する知識の高さや望ましい健康行動、心疾患患者の死亡率の低さに関連することが示されており、健康に関する知識や健康行動を促す要因の一つとして注目されている（Osborn et al., 2011; Peterson et al., 2011）。

2　ヘルスリテラシーの概念

　WHO のヘルスリテラシーの定義については、前述したが、これまでヘルスリテラシーは様々な定義で発表されている。世界的に広く普及しているのは Healthy people 2010 の定義で「健康に関する適切な意思決定を行うのに必要な健康情報やサービスを手に入れて、整理し、理解する能力の程度（U.S. Department of Health and Human Services, 2000）」である。その他にも発表されている定義はあるが、いずれも単に健康や医療に関する情報を正しく理解するだけでなく、自らの意思決定に必要な情報を検索し、評価し、扱う能力であり、健康管理や治療に主体的に参加するといった社会的能力にも関わる。

　また、Nutbeam はヘルスリテラシーをヘルスプロモーションのアウトカムとして位置づけ、3 つのヘルスリテラシーの領域を提唱している（Nutbeam, 2000）。機能的ヘルスリテラシー（Functional Health literacy）は、日常生活場面

5 情報化社会におけるヘルスリテラシーの研究動向

での基本的な読み書きのスキルと位置づけられている。相互作用的ヘルスリテラシー（Communicative Health Literacy）は、社会的スキルがあり、グループやコミュニティに自主的に参加し、様々なコミュニケーションから情報を獲得し、利用できるスキルとされる。批判的ヘルスリテラシー（Critical Health Literacy）は、批判的に情報を分析するだけでなく、社会的活動や政治的活動の変革に利用される、より発展した認知的スキルである。

さらに、ヘルスリテラシーは文脈によって、位置づけが異なることも述べられている（Nutbeam, 2008）。臨床場面では、ヘルスリテラシーの低さに着目すると患者の治療に対する理解や医療従事者とのコミュニケーションの障壁で、健康を損なうことを意味する健康のリスク要因となり、一定レベルは必要なものとなる。一方、公衆衛生場面では、ヘルスリテラシーが高いことに着目すれば、単に健康情報が使えるということに留まらず、個人の健康や健康行動に影響する資産として、健康教育やヘルスプロモーションのアウトカムとして捉えられている。

近年では、EU の Consortium による 8 ヵ国の調査（European Health Literacy Survey: HLS-EU）でこれまでのヘルスリテラシーの定義をシステマティックレビューし、「健康情報を獲得し、理解し、評価し、活用するための知識、意欲、能力であり、それによって日常生活におけるヘルスケア、疾病予防、ヘルスプ

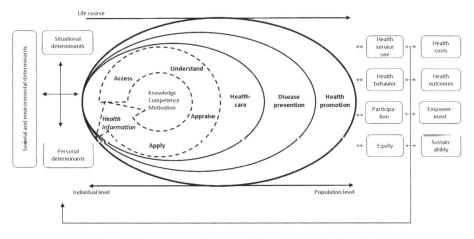

図1　ヘルスリテラシー統合モデル（Sørensen et al., 2012）

第 2 章　他分野におけるリテラシー概念とその変容

ロモーションについて判断したり、意思決定したりして、生涯を通じて生活の質を維持・向上させることができるもの」と整理した（Sørensen et al., 2012）。そこで、図 1 に示すようにヘルスリテラシーはヘルスケア、疾病予防、ヘルスプロモーションの 3 つの領域にわたる幅広い概念と統合モデルが発表されている。

3　ヘルスリテラシーの評価方法

　健康や健康行動の社会的決定要因と考えられてきているヘルスリテラシーだが、その高低がわからないと健康への影響や介入方法の検討を実証することができない。そこで、ヘルスリテラシーの評価尺度について検討が進んでいるが、ヘルスリテラシーの概念が広く進化しているため、ヘルスリテラシーの概念すべてを測定できるスタンダードな指標はないと報告されている（中山, 2014）。これまでの研究の多くは、読解力や計算力を問う TOFHLA（The Test of Functional Health Literacy in Adults）（Parker et al., 1995）や単語の認識や発音を問う REALM（Rapid Estimate of Adult Literacy in Medicine）（Davis et al., 1993）が評価指標として用いられてきた。この 2 つは機能的ヘルスリテラシーを主に測定する尺度であり、相互作用的ヘルスリテラシーや批判的ヘルスリテラシーの評価尺度としては不十分である。

　包括的なヘルスリテラシーの尺度として、アメリカではヘルスプロモーション、健康防護、疾病予防、ヘルスケアとヘルスメンテナンス、システムナビゲーションの 5 つの分野での健康関連能力が評価対象となる HALS（Health Activity Literacy Scale）などが開発されている（Rudd. 2007）。また、オーストラリアでは、様々なヘルスリテラシーの定義の中でも、①健康情報にアクセスし、理解し、活用する能力、②それを可能にするために組織や委員会がそれをサポートする能力が共通していることに着目し、HLQ（Health Literacy Questionnaire）が発表されている（Osborne et al. 2013）。HLQ は全体で 44 項目からなる 9 つの下位尺度の自記式質問紙である。さらに、前述した HLS-EU におけるヘルスリテラシーの定義に基づき HLS-EU-Q（European Health Literacy Survey Questionnaire）という質問紙調査による尺度が開発されている（Sørensen et al. 2013）。包括的な尺度の開発が進む一方、これらの尺度を実施するには時

間を要することやそれぞれの尺度における相関も明確になっていないことが課題である（中山, 2014）。そのため、今後は測定したいヘルスリテラシーの文脈を検討した上で尺度を使い分けていくことや尺度間の相関を明らかにしていくことが求められてくる。

また、我が国では、石川らが Nutbeam の 3 次元のヘルスリテラシーのモデルを基に機能的ヘルスリテラシー、相互作用的ヘルスリテラシー、批判的ヘルスリテラシーを自記式質問紙で評価する尺度を開発している（Ishikawa et al. 2008a）。実証研究としては、Ⅱ型糖尿病をもつ患者のヘルスリテラシーを測定し、ヘルスリテラシーが健康や病気に関する情報収集行動、糖尿病の管理状態、疾病の自己管理に関する自己効力感に影響することが報告されている（Ishikawa et al., 2008a）。さらに、会社員を対象に、相互作用的・批判的ヘルスリテラシー尺度を行い、ヘルスリテラシーが高い者の方が喫煙、食事、運動などの生活習慣について健康的な習慣をもっていることが示されている（Ishikawa et al., 2008b）。

4　eヘルスリテラシーの重要性

ヘルスリテラシーが注目される背景となった情報化社会が進んだ大きな理由にインターネットの普及が挙げられる。我が国におけるインターネットの人口普及率は約 80％ と地域間や世代間を超えてインターネットの普及は進んでいる（総務省, 2013）。米国では、インターネットユーザーの 59％ が 1 年以内にインターネット上で健康情報を検索しており、その 53％ が検索した情報について医師と話したことがあると回答している（Fox, 2013）。我が国でもインターネットの利用環境が整い、時間や場所にとらわれず、インターネット上で健康情報を取得することが可能となった。そのため、氾濫するインターネット上の健康情報の中から必要な情報を検索し、吟味してから扱う必要性が高くなった。インターネット上の健康情報を活用するには、テレビや新聞といった媒体とは異なり、電子機器を操作し、必要な情報を発信しているウェブサイトを検索し、情報の内容を評価するなどと複合的な能力が求められる。そこで、あらゆる情報源から発信される健康情報を対象としたヘルスリテラシーの中でも、特にインターネット上の健康情報を扱うことに特化した e ヘルスリテラシーが

第2章 他分野におけるリテラシー概念とその変容

脚光を浴びてきた。

5 eヘルスリテラシーの概念

eヘルスリテラシーという用語は、2006年カナダのNorman et al.によって初めて提唱された（Norman et al., 2006a）。Norman et al.はHealthy People 2010で示されたヘルスリテラシーの定義を参考に、eヘルスリテラシーを「インターネット上で健康情報を検索し、内容を評価し、取得した健康情報を自分の健康問題解決に向けて活用する能力」と定めた（Norman et al., 2006a）。

Norman et al.の提唱するeヘルスリテラシーの概念モデルは、他の独立しているリテラシーの概念とは異なり、インターネット上の健康情報を適切に扱うために必要となる6つのリテラシーが複合して構成されている（Norman et al., 2006a）。図2に示すように、6つのリテラシーを花弁、eヘルスリテラシーを雌蕊として、eヘルスリテラシーのLilyモデルが提唱されている（Norman et al., 2006a）。

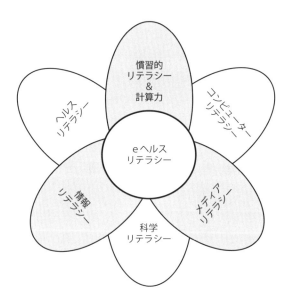

図2 eヘルスリテラシー Lily モデル（光武ら、2012; Norman et al., 2006）

5　情報化社会におけるヘルスリテラシーの研究動向

6つのリテラシーは、一般的に情報の質を評価して用いるために必要な分析的スキル（図2の灰色部）と、健康情報やインターネットを利用する環境によって必要なスキルが異なる特異的スキル（図2の白色部）に分類される。これら6つの基本的なスキルは、インターネット上の健康情報を利用者が最大限に活用するために必要なスキルとして考えられている。

eヘルスリテラシーは、比較的新しい概念だが、この数年でインターネットの役割は単なる情報源から、社会的なネットワークの構築が可能なソーシャルネットワーキングサービス（SNS）のようにコミュニティの中で、相互に情報交流を行うためのツールとして、役割を拡大させている。そのため、近年ではLilyモデルにSNSなどのインターネット上で相互に情報交流ができる概念であるWeb 2.0を扱う能力の要素を加えたeヘルスリテラシーの概念モデルに改良する必要性も指摘されており（Norman, 2011）、今後のeヘルスリテラシーを対象とした研究を発展させていくための課題となる。

6　eヘルスリテラシーの評価方法

eヘルスリテラシーが提唱された2006年、インターネット上の健康情報の利用者が適切に健康情報を扱うための対策を考える第1段階として、Norman et al.は個人の自覚しているeヘルスリテラシーの程度を評価するためにeHEALS（eHealth Literacy Scale）を開発した（Norman et al., 2006b）。eHEALSはBanduraが提唱するセルフ・エフィカシー（Bandura, 1997）の概念を応用しており、自身の健康問題を解決するためにインターネットを用いて、必要な情報を検索し、理解し、活用するスキルに関連した8項目の質問から構成される（Norman et al., 2006b）。eHEALSはオランダ版や日本語版（表1）にも翻訳されており、世界的にも普及が進んでいる（van der Vaart R et al., 2011, 光武ら, 2011）。

また、eHEALSは主観的な尺度であるため、個人のeヘルスリテラシーを評価する客観的な測定方法の開発も試みられている。Van Deursen et al.はeヘルスリテラシーを4つのスキル（操作的スキル、形式的スキル、情報検索スキル、戦略的スキル）に分類し、対象者にインターネット上で健康情報の検索を要す課題を与え、それぞれのスキルの側面から正しい操作方法や検索に要した時間を評価している（Van Deursen et al., 2011）。さらに、Web 2.0を扱う能力も含

第 2 章　他分野におけるリテラシー概念とその変容

表 1　eHEALS 日本語版（光武ら，2011）

問 1．私は，インターネットでどのような健康情報サイトが利用できるかを知っている．
□全くそうは思わない　□そう思わない　□どちらでもない　□そう思う　□かなりそう思う
問 2．私は，インターネット上のどこに役立つ健康情報サイトがあるか知っている．
□全くそうは思わない　□そう思わない　□どちらでもない　□そう思う　□かなりそう思う
問 3．私は，インターネット上で役立つ健康情報サイトの見つけ方を知っている．
□全くそうは思わない　□そう思わない　□どちらでもない　□そう思う　□かなりそう思う
問 4．私は，自分自身の健康状態についての疑問を解決するために，どのようにインターネットを使用すればよいか知っている．
□全くそうは思わない　□そう思わない　□どちらでもない　□そう思う　□かなりそう思う
問 5．私は，インターネット上で見つけた健康情報の活用方法を知っている．
□全くそうは思わない　□そう思わない　□どちらでもない　□そう思う　□かなりそう思う
問 6．私は，インターネット上で見つけた健康情報サイトを評価することができるスキルがある．
□全くそうは思わない　□そう思わない　□どちらでもない　□そう思う　□かなりそう思う
問 7．私は，インターネット上の質の高い健康情報サイトと質の低い健康情報サイトを見分けることができる．
□全くそうは思わない　□そう思わない　□どちらでもない　□そう思う　□かなりそう思う
問 8．私は，健康状態について判断する際に，インターネットからの情報を活用する自信がある．
□全くそうは思わない　□そう思わない　□どちらでもない　□そう思う　□かなりそう思う

めた e ヘルスリテラシーの客観的な評価方法についても開発が試みられている（Van der Vaart et al., 2013）。

7　e ヘルスリテラシーの実証的研究

　e ヘルスリテラシーの実践場面での研究では、インターネット上の健康情報を適切に扱うことが求められる特定の集団を対象としている研究が多い（Brown et al., 2010; Robinson et al., 2010; Xie, 2011）。特定の集団とは、医療従事者（Brown et al., 2010）や健康情報を自らの健康管理に活用する必要のある HIV 患者（Robinson et al., 2010）や高齢者（Xie, 2011）を対象としたものであった。
　医療従事者に関しては、作業療法士の学生を研究対象にしており、患者や健康サービスの利用者に正しい情報を伝えるために、e ヘルスリテラシーのような新しいスキルを医療従事者や健康サービスの提供者を目指す学生に身につけ

させていくことの重要性を述べている（Brown et al., 2010）。また、自らの健康管理のために e ヘルスリテラシーが特に必要と考えられる HIV 患者や高齢者を対象とした研究では、e ヘルスリテラシーを高めるための教育プログラムの開発と効果検証が行われていた（Robinson et al., 2010, Xie, 2011）。いずれの報告も教育プログラムの開発と研究の実施には、大学と地域の図書館が協働で携わっており、教育プログラムを実施した前後比較で e ヘルスリテラシーが改善したことを報告している。

　日本の e ヘルスリテラシー研究では、死因として最も高いがんの中でも、近年、罹患率が向上しているが早期発見・早期治療による効果が高い大腸がんに着目し、大腸がん検診の受診行動と e ヘルスリテラシーとの関連性が検討されている（Mitsutake et al., 2012）。その結果、性別や年齢などといった社会人口統計学的特性を調整しても、e ヘルスリテラシーの高さは大腸がんの受診行動を促す要因の一つであることが示されている（Mitsutake et al., 2012）。今後の e ヘルスリテラシーに関する研究については、縦断研究などを用いて e ヘルスリテラシーが健康状態に与えるメカニズムを整理していくことが必要である。

8　おわりに

　今後も情報化社会の進展や健康格差の拡大が見込まれる日本において、国民が健康や医療に関する意思決定を悔いなく行うために、国民のヘルスリテラシーに着目した研究の重要性は増すと考える。

　特に健康や医療の情報を正しく読み解く必要性は高いが、ヘルスリテラシーが低いと考えられている高齢者やその家族のヘルスリテラシーの教育プログラムやヘルスリテラシーの低さに合わせた健康情報の提供方法に関する検討は喫緊の課題である。また、要介護高齢者を親に持つ 40 歳代や 50 歳代の約 90％がインターネットを活用しているため、要介護高齢者の家族にとっては、e ヘルスリテラシーの向上も重要となるだろう。

　医療や介護の現場に接していると、不確実な健康情報を信じて効果のないサプリメントを大量に摂取しているケースや、治療への過剰な期待によって、本人またはその家族がクレーマーとなるケースに出くわすことが多い。近年の医療・介護現場の崩壊の原因に不適切な医療・介護サービスの利用やモンスター

第2章 他分野におけるリテラシー概念とその変容

ペイシェントの存在がある。国民のヘルスリテラシーおよびeヘルスリテラシーの向上は、国民の健康維持・増進だけでなく、責任ある医療・介護サービスの利用の一助になることが期待できる。

【文献】

Bandura A.（1997）. Self-efficacy: the exercise of control. New York: W.H. Freeman.

Brown CA, Dickson R.（2010）. Healthcare students' e-literacy skills. J Allied Health, 39: 179-184.

Davis TC, Long SW, Jackson RH, et al.（1993）. Rapid estimate of adult literacy in medicine: a shortened screening instrument. Fam Med. 25:391-395.

Fox S.（2013）. Health Online 2013. Washington, DC: Pew Research Internet Project. http://www.pewinternet.org/2013/01/15/health-online-2013/（2014年10月25日アクセス）

Ishikawa H, Takeuchi T, Yano E.（2008a）. Measuring functional, communicative, and critical health literacy among diabetic patients. Diabetes Care, 31: 874-879.

Ishikawa H, Nomura K, Sato M, et al.（2008b）. Developing measure of communicative and critical health literacy: a pilot study of Japanese office workers. Health Promot Int, 23: 269-274.

厚生労働省.（2013）. 健康日本21（第2次）. http://www.mhlw.go.jp/stf/seisakunitsuite/bunya/kenkou_iryou/kenkou/kenkounippon21.html（2014年10月25日アクセス）

光武誠吾，柴田愛，石井香織，他.（2011）. eHealth Literacy Scale（eHEALS）日本語版の開発. 日本公衆衛生雑誌, 58：361-371.

光武誠吾，柴田愛，石井香織，他.（2012）. eヘルスリテラシーの概念整理と関連研究の動向. 日本健康教育学会誌, 20:221-232.

Mitsutake S, Shibata A, Ishii K, et al. (2012). Association of eHealth literacy with colorectal cancer knowledge and screening practice among internet users in Japan. J Med Internet Res, 14: e153.

中山和弘,（2014）. ヘルスリテラシーとヘルスプロモーション, 健康教育, 社会的決定要因. 日本健康教育学会誌, 22:76-87.

Norman CD, Skinner H. (2006a). eHealth Literacy: essential Skills for Consumer Health in a Networked World. J Med Internet Res, 8: e9.

Norman CD, Skinner H. (2006b). eHEALS: The eHealth Literacy Scale. J Med Internet Res, 8: e27.

Norman CD. (2011). eHealth literacy 2.0: Problems and opportunities with an evolving concept. J Med Internet Res, 13: e125.

Nutbeam D. (1998). Health Promotion Glossary. Health Promotion International 13: 349-364.

Nutbeam D. (2000). Health literacy as a public health goal: a challenge for contemporary health education and communication strategies into the 21st century. Health Promot Int, 15: 259–267.

Nutbeam D. (2008). The evolving concept of health literacy. Soc Sci Med, 67: 2072-2078.

Osborn CY, Paasche-Orlow MK, Bailey SC, et al. (2011). The mechanisms linking health literacy to behavior and health status. Am J Health Behav, 35: 118-128.

Osborne RH, Batterham RW, Elsworth GR, et al. (2013). The grounded psychometric development and initial validation of the Health Literacy Questionnaire (HLQ). BMC Public Health, 13: 658.

Parker RM, Baker DW, Williams MV, et al. (1995). The test of functional health literacy in adults: a new instrument for measuring patients' literacy skills. J Gen Intern Med, 10: 537-541.

Peterson PN, Shetterly SM, Clarke CL, et al. (2011). Health literacy and outcomes among patients with heart failure. JAMA, 305: 1695-1701.

Robinson C, Graham J (2010). Perceived Internet health literacy of HIV-positive people through the provision of a computer and Internet health education intervention. Health Info Libr J, 27: 295-303.

Rudd RE. (2007). Health Literacy Skills of U.S. Adults. American Journal of Health Behavior, 31: S8-S18.

Sørensen K, Van den Broucke S, Fullam J, et al. (2012). Health literacy and public health: a systematic review and integration of definitions and models, BMC Public Health, 12; 80.

Sørensen K, Van den Broucke S, Pelikan JM, et al. (2013). HLS-EU Consortium. Measuring health literacy in populations: illuminating the design and development process of the European Health Literacy Survey Questionnaire (HLS-EU-Q). BMC Public Health, 13; 948.

総務省．（2013）．平成 24 年通信利用動向調査．http://www.soumu.go.jp/menu_news/s-news/01tsushin02_02000058.html（2014 年 10 月 25 日アクセス）

U.S. Department of Health and Human Service. (2000). Healthy People 2010. Washington, DC. https://www.healthypeople.gov/2010/（2014 年 10 月 25 日アクセス）

U.S. Department of Health and Human Service. (2010). Healthy People 2020. Washington, DC. https://www.healthypeople.gov/（2014 年 10 月 25 日アクセス）

van der Vaart R, van Deursen AJ, Drossaert CH, et al. (2011). Does the eHealth Literacy Scale (eHEALS) measure what it intends to measure? Validation of a Dutch version of the eHEALS in two adult populations. J Med Internet Res, 9; e86.

van der Vaart R, Drossaert CH, de Heus M, et al. (2013). Measuring actual eHealth literacy among patients with rheumatic diseases: a qualitative analysis of problems encountered using Health 1.0 and Health 2.0 applications. J Med Internet Res, 11: e27.

van Deursen AJ, van Dijk JA. (2011). Internet skills performance tests: are people ready for eHealth? J Med Internet Res, 13: e35.

Xie B.(2011). Effects of an eHealth Literacy Intervention for Older Adults. J Med Internet Res, 13: e90.

6

「スポーツ史」リテラシーの効用と歴史研究
―イギリス・スポーツ史研究をふりかえる―

市橋秀夫（埼玉大学）

はじめに

　スポーツを対象とするリテラシーといっても、十把一絡げに論じるわけにはいかない。リテラシーの意味は、Cobuild 社の現代英英辞典では「読んだり書いたりする能力」とされ、小学館の精選版日本国語大辞典では、加えて「ある分野に関する知識や能力」という解説が付されている。オックスフォード英語辞典（OED）では、「何かの物事についてよく知っているという特質あるいは状態。文字の知識。教育に関する状態、特に読んだり書いたりする能力」とある。したがって、スポーツのリテラシー（sports literacy）という場合、それは各種スポーツについて良く知っている状態、読解し論評する優れた能力がある状態、をさすことが基本になるだろう[1]。

　しかし、スポーツリテラシー全般について論じることは難多くして益が少ないように思われる。スポーツへの関わり方は多種多様であり、それぞれの立場によって必要とされるリテラシーは大いに異なっているように思われるからである。プレーする側とプレーを観る側とでは必要とされるスポーツリテラシーは違うであろうし、プレーをする側に限ってみても、実際にプレーする選手とそれを支えるコーチおよび各種サポート・スタッフ、さらには管理側・経営側では、それぞれ異なるスポーツリテラシーを求められていっていいだろう。プレーを観る側にしてみても、熱心なサポーター、家族団欒の一環としてスポーツを楽しんでいる観客、スポーツ・ジャーナリスト、テレビ・メディア、スポーツを学術研究の対象としている研究者とのあいだでは、スポーツを読解し論じ

る言語とスタイル、その中身は通常大いに異なっている。

　本稿では、スポーツを対象とするリテラシーの中でも周縁に位置する「スポーツ史研究のスポーツリテラシー」を取り上げ、それが、より広い歴史学研究の読解と研究にどのような貢献をなしてきたと言えるのかを、イギリス（より精確にはイングランド）の経験に即して考えてみようとするものである。スポーツ史のリテラシーが、個別スポーツを愛好したり、それに利害を持つ業界関係者だけのリテラシーの拡充を越えて、どの程度のインパクトを歴史学のなかで持ち得たのかを検討しつつ、スポーツ史研究とスポーツリテラシーの現状と課題について再考してみたい。

　最初に、イギリスにおいてスポーツ史研究が成立してきた経緯と背景について紹介し、次に初期イギリス・スポーツ史の大きな成果である産業革命期のスポーツ史研究がもたらした知見（リテラシー）とそれが産業革命史研究に対して持ったインパクトについて検討する。さらに、歴史学一般へのスポーツ史の浸透度をみていく。その上で、イギリスのスポーツ史家自身がスポーツ史の成果をどう捉えているのかを明らかにしつつ、ロス・マキビンのスポーツ史研究にたいする現状認識を手掛りにして、スポーツおよびスポーツリテラシーについて語ることの難しさを指摘する。

1　イギリス・スポーツ史研究の台頭
：1950年代後半以降のイギリス社会の変化

　イギリスにおけるアカデミックなスポーツ史研究の始まりは第二次世界大戦後のことといっていいだろう。1950年代から、レジャー史研究の一環として学術的な研究が少しずつ現われはじめたようにみえる。その最初の明確な徴は、労働史学会が中心になって研究集会を催したり、Past and Present という名だたる歴史研究誌を出している学会が1960年代はじめに余暇を主題にした研究集会を開催したことに表われている。このあたりがレジャー史やスポーツ史のイギリスにおける黎明期ということになるだろう。

　なぜ労働史学会だったのかという点であるが、労働史の主たる研究対象はもともと、当然ながら、労働組合運動史や、賃金や労働時間といった労働者の職場の労働環境におかれていた。それが、戦後の1950年代後半以降になってく

第 2 章　他分野におけるリテラシー概念とその変容

ると、職場だけでなく、生活の場やコミュニティに注意が払われるようになってくる。これは、ひとつには時間の経過に沿って研究は多様化し分化していくというごくあたりまえの話でもあるのだが、それが 1950 年代後半に始まっているということは、当時のイギリス社会の変容と、その中での労働者階級のあり方の変容への関心の高まりという時代状況があってのことのように思われる。つまり、当時の 1950 年代後半のイギリス社会は「耐乏の時代」とも呼ばれる戦後復興期を脱し、安定した経済成長を謳歌するようになり始めていた。その中で、第二次世界大戦の記憶も定かではない、1940 年代生まれの世代が義務教育を終えて労働者の世界に参入しつつあった。

そうしたなか、1950 年代末になされた大規模な自動車工場労働者に関する社会学者の調査が、新しいタイプの労働者の登場、労働者階級の変容を指摘して大きな話題になった[2]。「豊かな社会」の到来の中で、新たな労働者階級たる「豊かな労働者」が登場し、彼らはそれまでの「伝統的な労働者階級」とは異なる人生観を持ち、非伝統的なライフ・スタイルを享受しているとの指摘がなされたのである。1960 年代に入っても引き続き労働者階級の物質的な生活水準は上昇し続け、新たに労働市場に参入してきた戦後派世代の文化は、階級ごとの文化としてではなく、ビートルズやマリー・クワントに象徴されるような階級横断的な「若者文化」として大いに喧伝されるにいたる。

そうした「豊かな社会」観が浸透していくなかで、労働史研究者も次第に労働者の非労働時間のあり方に目を向けるようになったと言えよう。従来型の職場の労働条件改善を中心とした労働運動では労働者を必ずしも結集することができないという状況の暗黙の了解もあったろうし、労働史研究者のあいだにもそうした新しい状況に対する理解の糸口を、過去の労働者の生活世界の再検討に求めるということがあったのではないだろうか。

イギリスの労働者階級が労働世界にのみ関心を持っていたわけではないことは、すぐに明らかになった。炭鉱地域での競争犬の飼育、伝書鳩の飼育、闘鶏、飲酒、そしてフットボールなど、近現代社会の労働者は多彩なレジャー行為を享受していた。労働者がみな労働運動に精を出していたわけでもなければ、資本家の過酷な搾取のもとで余暇時間を持たないわけでもなかった。労働者のレジャー時間とそこでの行為の意義をどう捉えるのかは、労働者階級の歴史的理解に欠かせぬ課題ではないのかという問題提起がなされたのである。労働者階

級の生産現場の研究ではなくてスペアタイムの研究、そちらの重要性も見ていかなくてはならないということが労働史学会に少しずつ出てきた。

　もう一つ指摘しておきたいのは、安定した経済の発展が続いていた「豊かな社会」の1960年代は、歴史学だけではなく、人類学など他の分野でも文化に注目が集まり始めていた時代だったという点である。20世紀後半の文化史研究の文脈では、ポストモダンの流れが1960年代以降出てきて文化的解釈への注目という展開があらゆる学問分野で起こったと言われているが、その動向はレジャー史やスポーツ史研究の後押しになったと言えよう[3]。

2　産業革命期のスポーツ史、レジャー史研究

　スポーツ史および、それを含めたレジャー史研究を鼓舞した歴史研究としてよくあげられるのが、1963年に刊行されたE・P・トムスンの『イングランド労働者階級の形成』である[4]。日本でのスポーツ史研究にも大きな影響を与えることになった1973年刊行の『英国社会の民衆娯楽』[5]はレジャー史研究のパイオニア的著作とみなされているものだが、その著者ロバート・マーカムソンは、トムスンのもとで学んだ学生で最初にまとまった労働者の余暇に関する歴史研究を著した研究者だった。産業革命期において、社会改革に情熱を注ぐ中産階級が展開した民衆娯楽撲滅の運動と思想を主題としたその著作の結論部分で、マーカムソンは次のように記している。

　　民衆娯楽の衰退は、現在わたしたちが「伝統社会」と呼ぶ社会がしだいに崩壊したこととあきらかに深く関連していた。市場経済が勃興し、それにともなって社会関係を指導するあらたな規範と物的条件が発達するにつれ、多くの伝統的な行動の基盤は容赦なく掃討され、あとに真空を残した。この真空は、ゆっくりとしか、そしてまた当然新しく根本的に改造された娯楽形式によってしか埋めることのできない真空であった[6]。

　そしてマーカムソンは、パブ以外に労働者の憩うべき場所はなくなってしまったという当時のある社会観察の言説に「理解できない誇張ではない」という同意を与えているのである。

第 2 章　他分野におけるリテラシー概念とその変容

　以上のようなマーカムソンの余暇の「真空説」と、それを下支えする伝統的（農村型）娯楽の消滅と近代的（都市型）商業娯楽の誕生という産業革命を真中に挟んでの二分法的理解に反論したのが、ヒュー・カニンガムであった。カニンガムは、1980 年に刊行された『産業革命期のレジャー』において、サーカスや「メロドラマ」というジャンルの芝居の台頭と活況などを指摘して、「伝統的」な「前工業化」時代のレジャーが産業革命期の中産階級福音主義と工業化および都市化の進展によって一掃されてはいないこと、民衆娯楽自らが革新的に変化を遂げるかたちで活力を持ちつつ存続していった点を主張した。
「農村と都市」あるいは「前工業化と工業化」という近代―前近代の二分法の罠にとらわれるべきではないとカニンガムは主張する。1840 年代になるとそこには教会とパブだけが存在するようになり、その後にはすっかり商業化されたフットボールとミュージックホールのレジャーの世界が到来するという悲観的な産業革命レジャー観[7]を、カニンガムは批判したのである。
　ヒュー・カニンガムの主張する民衆娯楽の「革新的持続説」は、近年のフットボール史研究の成果からみても妥当なものであるようにみえる。農村的なフットボールが産業革命期に消滅し、その後パブリック・スクール教育のなかでまったく異なる近代スポーツとして新たに再生されたという理解を超えて、パブリック・スクール以外の多様な場で民衆フットボールそれ自身が洗練され、近代化されていった経緯が示されるようになってきているからである[8]。
　また、ヒュー・カニンガムの主張が重要なのは、それが社会史の方法論に関する鋭い問題提起となっているからである。カニンガムは、自分たちの世代にはＥ・Ｐ・トムスンの影響が大きく、トムスンから 3 つのことを学んだと記している[9]。1 つは、主体性に関わる点で、一定の諸限界というものはあるものの、その中で人は自らの歴史を形成するという点。2 つめは、個々人も社会全体も過去の生きられた経験によって形づくられるという点。3 つめは、人間の人生の側面はなんであれ、すなわちレジャーでもスポーツでも、他の側面から切り離して捉えることはできない、単独では扱えないという点。カニンガムはそうした点にインスピレーションを受けたと書いている。
　最後の 3 つめの指摘はスポーツ史にとって重要である。つまり、スポーツ史は、スポーツ史として完結しえない。それは政治史であり経済史でもあり文化史でもある。すなわち社会史研究の一支流ではなく社会史そのものとしての成

立を目指すべきであるということを、カニンガムは示唆している。スポーツ史としての独立した研究分野としての展開の追求は、装いを変えながらの古い意味での一風俗史研究に留まるのであって、60年代以降に提案されて取り組まれてきた社会史研究の主張——社会史とは、社会的な側面を扱った歴史ではなく、社会の歴史である——に応え得るものになり得ないということであろう。

では、マーカムソンやカニンガムらが取り組んだ産業革命期のスポーツ・レジャー史研究は、産業革命期を対象とするメインストリームの歴史研究における諸議論にどんなインパクトを与え、どのような知見を与えてきたと言えるのだろうか。

3　産業革命史理解とレジャー史・スポーツ史研究

イギリス産業革命に関する歴史的研究は、1980年代にニック・クラフツという経済史家が工業革命たる産業革命の革命性を否定する統計学的な研究[10]を出して以来、今日まで様々な議論が続いている。国民総生産や経済成長率などの様々な経済指標の全国的推定平均値を算出し、イギリス産業革命の革命性を否定していくクラフツの経済学的・統計学的手法の数々の難点を指摘したのがパット・ハドソンの『産業革命』[11]である。ハドソンは、地域による差異が大きいこと、産業によって経済発展と技術革新の関係が一律ではないこと、消費面や労働者の生活面での経験が軽視されていること、女性労働や児童労働といった労働者階級内部での産業革命経験の相違が考慮されていないことなど、様々な欠点を念入りに指摘している。それは、クラフツ・テーゼにとって代わる解釈を提出したというわけではないが、産業革命の歴史的特質や意義について、生産に基盤を置いた経済的数値や指標だけで論じるわけにはいかないということを明確にした、優れたクリティークであった。

しかし、産業革命に関する他分野にわたる広範囲で膨大な数の先行研究をサーベイしたというべきハドソンの著書においてさえ、レジャー史研究やスポーツ史研究の成果には十分な考慮が払われているとは言えない。ハドソンは消費や都市化についての言及はあるものの、人々のレジャーやスポーツの歴史的経験にまで踏み込んで言及している部分は皆無である。

近年の産業革命史に関する主な書籍をみても、レジャーやスポーツについて

第2章　他分野におけるリテラシー概念とその変容

ふれているもの、その成果を取り入れて産業革命史像を構築しているものはほとんどない[12]。産業革命史研究の重要な成果とされているモキアの500頁を超える研究書でも、レジャーについて言及されているのはわずか数ページで、しかも、労働時間の長短という文脈で言及されているにすぎない[13]。唯一、先行研究の広範な渉猟と一次史料をふんだんに取り入れて論じられた産業革命の優れたテキスト・ブック[14]が、農村労働者のレジャー経験の変容を産業革命期の社会変化の性質を論じる際に重要な要素として取り上げている。しかしながら、そこでの取り上げられ方は、18世紀の議会エンクロージャーによって小規模零細農民の伝統的な余暇空間および習慣が失われていったという、マーカムソンの「真空説」をなぞったものに留まっている[15]。

一方、スポーツ史家の側でも、イギリス産業革命史研究で交わされている諸議論への積極的なアプローチはみられない。ヴィクトリア時代のイギリス社会全体のあり方との連関を重視マイク・ハギンズも、産業革命期の階級やメディアといった社会史的な観点からスポーツを論じてはいるものの、「産業革命」ということになると商業的なスポーツが台頭してくる経済的なバックグラウンドとして扱っているにすぎず、ヴィクトリア時代のスポーツという観点からその歴史的性質について論じようとする構えはないのである[16]。

4　歴史学の概説書への浸透度

以上みてきたように、産業革命のような社会経済史の伝統的な主要論争点へのスポーツ史やレジャー史の貢献は周縁的なものに留まっている。しかし、歴史学の一ジャンルとしてのスポーツ史・レジャー史は、歴史学のなかで一定の地歩を築くのに成功してきたことを示す例は一定程度存在している。近現代イギリス史を対象とした「概説書」や「必携」の内容をみると、スポーツ史はセクシュアリティの歴史と並んで、独立したひとつの歴史学ジャンルとしての一定の地位を与えられてきているものがあるのである。

例えば、イギリス史を専門として学びはじめる大学生を読者対象としていると思われる英国歴史学界が監修した〈Blackwell Companions to British History〉のシリーズの中から、近代スポーツ確立以降の時期を扱った「19世紀」「20世紀初期」「第二次世界大戦以後」の3巻の目次をみてみよう。

6 「スポーツ史」リテラシーの効用と歴史研究

19世紀を扱った巻[17]では、全体が5部構成となっている。外交・国際関係を扱った第1部「イギリスと世界」、政治史を扱った第2部「政治と政府」、第3部が「経済と社会」、第4部が「社会と文化」、第5部が4つのネーションと国民アイデンティティを扱った「連合王国」である。全5部が33の章で構成されているが、第24章のタイトルが「民衆レジャーとスポーツ」である。20世紀初頭という第一次世界大戦前までを扱った巻[18]は、全体が「イギリスの政治世界」「イギリスと世界」「社会と経済の諸発展」の3部構成となっている。政治と外交で全体32章の半分を占め、残りの半分の数の章で社会・経済・文化を扱っている。第28章が「イギリスにおけるレジャーとスポーツ 1900-1939」となっている。そして、第二次世界大戦以後の20世紀を扱った巻[19]は、ジャンルの区分けはされずに30章が並んでいる。筆者なりに分類してみると、政治が6、外交が6、社会と経済が16、文化が2となっている。文化としたのは「スポーツとレクリエーション」および「若者文化」の2章である。全体に「政治」や「外交」に関する議論が減って「社会」を論じる章が増大している点に注目したい。これは、イギリスの国際社会における地位の低下の反映であり、政治の枠だけでは論じきることのできない、移民やセクシュアリティなどの社会問題の顕在化の反映でもあろう。加えて、文化領域では音楽やパフォーミング・アーツなど芸術文化や、国民文化とも呼びうる映画やテレビといった娯楽メディアを扱った章がないのに、身体文化を扱った章が入っている点がおもしろい。スポーツを重視した編者の判断基準が聞きたいところである。しかし、以下みていくように、この例はむしろ例外と言えるかもしれない。

最近、シリーズの翻訳が刊行されているオックスフォード大学出版局のイギリス史ではどうだろうか。19世紀を扱った第9巻[20]では、「文学、音楽、劇場」(第6章) と「都市・建築・芸術」(第7章) が独立した章として論じられているが、スポーツと娯楽はM・ドーントン執筆の第1章「社会と経済活動」の中の「消費と娯楽」で消費生活のひとつの形として、第2章の「公共生活と政治」の中の「スポーツと国民生活」で近代的な制度化の進行がみられる社会領域のひとつとして論じられているにすぎない。続く20世紀前半を扱った巻[21]では、イギリス帝国の紐帯を考察する一要素として第1章「ブリテン諸島／イギリス帝国」で、イギリス文化全般を論じた第4章「イギリス人であること」で「スポーツ文化」として言及されている。最後の20世紀後半を扱った第11巻[22]では、

第 2 章　他分野におけるリテラシー概念とその変容

戦後の文化変容を巧みに論じたピーラー・マンドラーの第 4 章「二つの文化か、一つの文化か、それともたくさんの文化か」が収録されているが、スポーツに対する言及は断片的なものでしかない。これは、先に取り上げたブラックウェル社の必携シリーズとは対照的な扱いである。

　社会学者やカルチュラル・スタディーズの視点が入った概説書では、スポーツが特色あるかたちで取り上げられている例もある。社会学者と歴史家双方の論考で構成されたジェイムズ・オベルケヴィチとピーター・カタロール編集の『戦後イギリス社会を理解する』[23]では、興味深いことにレジャーとスポーツは独立した章（最終章）として扱われているが、タイトル「戦後イギリスのレジャーとスポーツにおけるジェンダー不平等」が示しているように、ジェンダーに特化した視点から論じられている。女性の経験を扱った章は別途存在しているし、他に所収されている「消費」「食」「宗教」「アーツ」「教育」などのいわゆる社会的テーマがフェミニスト視点に特化したかたちで論じられているわけではないことを鑑みれば、これはかなり独特な扱いではある。90 年代前半に書かれたこの論考の意義は、スポーツとレジャーが男性視点で論じられてきたことの批判を意図したフェミニスト的立場から書かれている点にあった。

　かつてなら考えられなかったことだが、歴史社会学的なカルチュラル・スタディーズへの傾斜と相互浸透が若い世代で進んでいるように見える英文学界でも、スポーツへの言及が一般化してきているようだ。英文学専攻と思われる著者が執筆したイギリス文化に関する概説書[24]では、伝統的な文化の諸ジャンル（「文学」「演劇」「映画」「ポピュラー音楽とファッション」「テレビとラジオ」「アートと建築」など）に加えて、「スポーツ」に一章が割かれている。

　逆に、スポーツが定位置を確立できずにいることを示す例も事欠かない。例えば、経済史学会が後援した『20 世紀のイギリス—経済、社会、文化の変化』という学部生向けのテキストがある。その第 1 版[25]では、フットボール史の泰斗トニー・メイソンがレジャーとスポーツについて 1 章執筆していたが、執筆者の入れ替わった第 2 版[26]では、第二次世界大戦以前を扱った第 2 部では独立した「レジャー」の章でわずかにスポーツへの言及があるが、戦後を扱った第 3 部にいたってはスポーツもレジャーも無視された構成で、取り上げられていない。『1945 年以後のイギリス』という同じ題名が奇しくも付された 2 冊のイギリス戦後社会入門書[27]でも、スポーツへの言及が皆無である。

98

スポーツ史に対する評価は、なお定まっていないのである。ロス・マキビンの重要な 20 世紀イングランド社会史研究[28]や、刷新された権威あるイングランド史シリーズ〈New Oxford History of England〉の近現代の巻[29]をみれば、前者ではスポーツへの目配りが十分に、後者においてもそれなりに扱われていることがわかる。しかし、スポーツ史家トニー・コリンズが指摘するところによれば、同じオックスフォードの権威ある帝国史研究シリーズ〈The Oxford History of British Empire〉では、「一言もスポーツにふれられていないに等しい」という。コリンズが言うように、帝国史におけるクリケットやラグビーなどのスポーツが果たした役割を考えれば、これは確かに憂慮すべきことである[30]。

以上取上げてきた例をみただけでも、スポーツやレジャーという主題はレギュラーの定位置を獲得したとは言い難い状況にある。とりわけ他の主題との競合を余儀なくされた場合には、ベンチでの待機を命じられる地位に甘んじているということを認めざるを得ない。念のため付け加えておくが、日本人研究者が執筆したイギリス史の概説書となるとさらにスポーツへの言及は少なく、皆無といってもいい状況である[31]。

5　スポーツ史家自身のスポーツ史批判

過去半世紀ほどのあいだのスポーツ史の膨大といっていい研究蓄積と、その多様化・細分化の研究動向を、きわめて楽観的に紹介している日本語論文がある[32]。しかし、事態はむしろ逆なのである。事実、イギリスのスポーツ史家は、スポーツ史の現状に厳しい危機感をいだいている。例えば、すでに言及したスポーツ史家マイク・ハギンズは、スポーツ史研究は、歴史学の他のジャンルではすでに借用のピークが過ぎたころにグラムシのヘゲモニー論やフーコー的概念を無批判に借用し始めてきた経緯があると述べ、ピーター・バークが指摘している最近のポスト「ポスト・モダン」の歴史学への対応の遅れを批判している[33]。

ラグビー史に詳しいスポーツ史家トニー・コリンズもまた、スポーツ史の専門特化・タコツボ化に警鐘を鳴らしている一人である。コリンズは、2007 年にメインストリームの歴史研究誌 *Journal of Contemporary History* に掲載された書評論文[34]で、まず、次のように問うている。「私たちはスポーツやレジャー

第 2 章　他分野におけるリテラシー概念とその変容

をそれ自身のために研究するのか、それとも、より広い歴史の問題についてスポーツが私たちに教えてくれるものを求めて研究するのか？」彼の答えはストレートである。「好古趣味を越えて行くためには、なぜ、そしてどのようにスポーツとレジャーが社会にとって問題になるのかを示す義務が歴史家にはある。」さらにコリンズは続ける。

> 「スポーツやレジャーの歴史に関して刊行された最も興味深い仕事は、社会史家の手法を用いて仕事をし、最初に社会史家が投げかけた諸問題を問おうとする歴史家によって生み出されているということが、こんにちでも言える。そして、スポーツ・スタディーズで仕事をしているポスト・モダニストからのいささか遅ればせの挑戦にも関わらず、歴史家によって深く掘り下げられていまなお問われなければならないスポーツ史についての問題の多くは、社会史によって提起された諸問題なのである点も、また変わっていない。」35)

ちなみに、ここでコリンズが記している「社会史家」や「社会史」とは、コリンズが 'classical' social history と呼んでいるもので、つまりは 1960 年代から 70 年代の社会史とその研究者を指している。また、「スポーツ・スタディーズ」とは、近年イギリスのいくつかの大学で研究コースとして登場しているもので、名前からみて分かるように、「カルチュラル・スタディーズ」からインスピレーションを受けたものであると言えよう。学際色の強いスポーツ・スタディーズの登場は、専門特化を求めがちな狭いスポーツ史研究への批判でもあり、オルタナティヴの提示でもあるのだろう。これに対してコリンズは、スポーツ史の回復と再生を、スポーツ史をかつての社会史のほうに再度開いて行く点に求めている。彼は、これまでのイギリスにおけるスポーツ史の発展を振り返って次のように結んでいるのである。

> 「これは、広い意味で、おそらく私たちが、スポーツとレジャーの歴史をそれ自身独自で権利を持つ固有の研究領域だと考える間違いを犯してきたことを示唆している。スポーツとレジャーの歴史をこのように明確に区分することは、スポーツおよびレジャー史のより広い意味を無視することに

歴史家を導くものだと主張することができるだろう。またそれは、他の歴史家が、全体としての社会の歴史におけるスポーツおよびレジャーの歴史の重要性を過小評価することにつながるものだと言えよう。……生を再創造する活動（recreational activities）を、自ら創造したのではない世界において男女が自ら形づくることを求めた人生に関する意味の宝庫であると、私たちがみなして初めて、スポーツとレジャーは、ジェフ・ヒルのことばで言えば、［一般の］歴史家にとってどうでもいいものではなくなるのである。」36)

これは、60年代にトムスンが、80年代にカニンガムが説いたことの再説に他ならない。イギリスの代表的なスポーツ史家たちはおしなべて、スポーツ史の現状に悲観的であるようにみえる。

では、スポーツ史家以外でスポーツの歴史の意義を重視している歴史家は、スポーツ史の現状をどうみているのだろうか。階級文化の果たす役割に注目し、20世紀イギリスの政治史研究の新解釈を打ち出した諸論考を発表してきたロス・マキビンの論考を取り上げてみたい。マキビンは、日本では無名に近い存在だが、イギリス近現代政治史の泰斗であると同時に、イギリスの近現代社会の歴史的変容を語る上でのスポーツの重要性を認識して実践してきた数少ないメインストリームの歴史家であり、イギリスのスポーツ史家たちから大いなる敬意をもって参照されている歴史家である。

6 スポーツ史の課題：ロス・マキビンの問題提起

マキビンは、「教えられたり書かれたりする主題としてのスポーツ史の地位は上がったのか？」と問い、その答えは「おそらくそうでもありそうでもないの両方」と記している37)。スポーツ史の研究論文は増え、ドモントフォート大学の「スポーツの歴史と文化に関する国際研究センター」のように、スポーツ史に特化した大学院レベルの研究所も設立され、次世代のスポーツ史家を生み出す制度的基盤が作られてきた。大学における社会史全般の人気および経済史の地位低下にも助けられた面があるだろうとマキビンは指摘する。

しかし、一方でスポーツ史は「文化」史やカルチュラル・スタディーズの台

第2章　他分野におけるリテラシー概念とその変容

頭によって苦しめられているともいう。言語や言説の分析に重きを置く近年の文化史は、スポーツの研究の必ずしも味方であるとは言えない。事実、マキビンの所属していたオックスフォード大学では、スポーツ史を積極的に取り上げていた2つのコースが廃止され、スポーツ史に言及しない文化コースに置き換えられてしまったという。

　さらにマキビンは、概念化することが非常に難しく、そのために執筆し教授することも難しいという難がスポーツ史研究にはあると指摘する。スポーツ史家の第一世代にとっては、スポーツ史の課題は明確であった。いつ、どこで、誰が、なぜスポーツをし、あるいは観たのか——そのような事実の確定が第一の仕事であった。マキビンはこの段階のスポーツ史を「第一のスポーツ史」と呼んでいる。しかし、その後の第二世代が取り組まなくてはならない「第二のスポーツ史」となると、周囲の期待が高くなっているがために、また、スポーツとは何かについての合意がないがために、何をどうしていけばいいのかは必ずしも明確ではないのである。スポーツがその本質とするところの「様々な感情、満足、失望が正確に何であるのか」について、誰もが納得する定義はないがために、書いたり教えたりすることは非常に難しくなっているとマキビンは見ている[38]。

　スポーツの定義の難しさを、マキビンは5つの例を挙げて示している。第1に、スポーツ（sport）と遊び（play）の関係での定義の困難の指摘。第2に、スポーツ（sport）と労働との関係（work）。第3に、観客（spectators）と選手（players）との関係。第4に、スポーツ（sport）と宗教（religion）との関係。第5に、スポーツ（sport）とジェンダー（gender）の関係。以上の5つの関係はいずれも複雑で、すっきりとした2項対立や単純な相互依存関係では語ることができないことを、マキビンは具体的に示している。スポーツの定義は、そのように、容易ではないのである。マキビンはこうまとめている。

　　「スポーツは、最も注目すべき人間的な諸活動の一つである。それは、様々な感情と、他のものがなしえないような多様な形の創造性を有している。しかし、すべてのそうした諸活動がそうであるように、単一の議論や学問領域の内に収めようとすることは困難である。最もやっかいな質問群が社会学者と人類学者によって提出されている。しかし、その答えについては

合意がほとんどないのである。それでもなお、スポーツという主題は歴史的に書かれなければならない。社会学や人類学の質問は時間を超越したものではない。そうではなく、それらの質問は時間の経過とともに著しく変化する。……課題は、歴史家と社会学者の双方の仕事を統合することにあるように思われる——スポーツ（sport）の歴史社会学（historical sociology）を書くため、あるいは、「スポーツ（sport）」について確信をもって一般化することはできそうにないので、各種のスポーツ（sports）の歴史社会学を書くために。」[39]

7　まとめ

　スポーツについて語ることが困難であるというのであれば、スポーツリテラシーについて論じることも容易ではないということになるだろう。レジャーについても、同様の困難がつきまとう。筆者もまた、本稿で紹介してきたスポーツ史家やイギリス史家がスポーツ史について述べているように、スポーツ史がスポーツ史として専門特化して洗練されていくことにはさしたる展望を見出すことができずにいる一人である。スポーツおよびスポーツ史の研究は、学際的な研究の成果を積極的に摂取し、スポーツ以外の様々な社会的カテゴリーやコンセプトとの関係を、特定の時代と空間の文脈の中で問うかぎりにおいてのみ、その強みを発揮していくことになるだろう。言うは易いが行なうは難し、である。その意味で、スポーツの社会学にせよスポーツ史にせよ、長く見積もってもせいぜい半世紀程度の蓄積しかないことを考えれば、スポーツ史のリテラシーについて語るのはなお時期尚早なのかもしれない。

【注】
1)　近年では、様々な環境に対応できる身体技能の獲得の重要性を説くために用いられる「身体リテラシー（physical literacy）」という概念が、とりわけ教育関係者の間で注目を浴びているようである。これは身体活動を行う主体が獲得すべき身体技能に限定されたリテラシー概念である。この身体リテラシーには、スポーツ技能だけでなく、ダンスなど幅の広い身体スキルも含まれている。それに倣い、「スポーツリテラシー」も、もっぱら各種競技に関わる一定水準の身体技能の有無を指すものと限定することも可能であると思われるが、本稿ではより広く語義を捉えている。
2)　以下の「豊かな労働者」3部作が有名である。John H. Goldthorpe, et al., *The Affluent Worker: Industrial Attitudes and Behaviour* (Cambridge, 1968); *The Affluent Worker : Political*

第 2 章　他分野におけるリテラシー概念とその変容

　　Attitudes and Behaviour (Cambridge, 1968); *The Affluent Worker in the Class Structure* (Cambridge, 1969).
3）ピーター・バーク（長谷川貴彦訳）『文化史とは何か』（2010，法政大学出版局）増補改訂版。カルチュラル・スタディーズが出てきて文化研究の動向が進んだと述べている論文（本稿中 32 を参照）があるが、カルチュラル・スタディーズの登場はそうした全体動向の中の一つにすぎない。カルチュラル・スタディーズが登場したことで文化的研究が展開したというのは、順序が逆である。
4）E. P. Thompson, *The Making of the English Working Class* (Harmondsworth, 1963). 日本語訳は、E・P・トムスン（市橋秀夫・芳賀健一訳）『イングランド労働者階級の形成』（青弓社、2004 年）。
5）原著書は *Popular Recreations in English Society 1700-1850* (Cambridge, 1973)。すぐれた日本語版が、川島昭夫・沢辺浩一・中房敏明・松井良明訳で、ロバート・W・マーカムソン『英国社会の民衆娯楽』（平凡社、1993 年）として刊行されている。
6）マーカムソン『英国社会の民衆娯楽』（平凡社、1993 年）、340 頁。
7）R. J. Moriss, *Class and Class Consciousness in the Industrial Revolution 1780-1850* (London, 1979), p.53, quoted in Cunningham, *Leisure in the Industrial Revolution* (London, 1980), p.9.
8）Adrian Harvey, *Football: The First Hundred Years* (Abingdon, 2005).
9）Hugh Cunningham, *Leisure in the Industrial Revolution* (London, 1980), p.192.
10）Nick Crafts, *British Economic Growth during the Industrial Revolution* (Oxford, 1985).
11）パット・ハドソン（大倉正雄訳）『産業革命』（未来社、1999 年）。
12）Emma Griffin, *A Short History of the British Industrial Revolution* (London, 2010); J. Horn, L. N. Rosenband and M. R. Smith, eds., *Reconcepualizing the Industrial Revolution* (Massachusetts, 2010).
13）Joel Mokyr, *The Enlightened Economy: Britain and the Industrial Revolution 1700-1850* (London, 2009).
14）Steven King and Geoffrey Timmins, *Making Sense of the Industrial Revolution: English Economy and Society 1700-1850* (Manchester, 2001), pp. 189, 265-66.
15）Ibid., pp.189,265-66
16）Mike Huggins, *The Victorians and Sport* (Hambledon and London, 2004).
17）Chris Williams, *A Companion to the Nineteenth-Century Britain* (Oxford, 2007).
18）Chris Wrigley, *A Companion to the Nineteenth-Century Britain* (Oxford, 2003).
19）Paul Addison and Harriet Jones, eds, *A Companion to Contemporary Britain 1939-2000* (Oxford, 2007).
20）コリン・マシュー編『オックスフォード　ブリテン諸島の歴史 9　19 世紀 1815-1901 年』（慶應義塾大学出版会、2009 年）。
21）キース・ロビンズ編『オックスフォード　ブリテン諸島の歴史 10　20 世紀 1901-1951 年』（慶應義塾大学出版会、2013 年）。
22）キャスリーン・バーク編『オックスフォード　ブリテン諸島の歴史 11　20 世紀 1945 年以後』（慶應義塾大学出版会、2014 年）。
23）James Obelkevich and Peter Caterall, eds., *Understanding Post-war British Society* (London, 1994).
24）David P. Christopher, *British Culture: An Introduction* (London, second edition, 2006).

25）Paul Johnson, ed., *20th Century Britain: Economic, Social and Cultural Change* (Harlow, 1994).
26）Francesca Carnevali and Julie-Marie Strange, eds., *20th Century Britain: Economic, Cultural and Social Change*, second edition (Harlow, 2007).
27）Peter Leese, *Britain since 1945* (Basingstoke, 2006); Jonathan Hollowell, ed., *Britain since 1945* (Massachusetts, 2003).
28）Ross Mckibbin, *Classes and Cultures: England 1918-1951* (Oxford, 1998).
29）Brian Harrison, *Seeking a Role: The United Kingdom 1951-1970* (Oxford, 2009).
30）Tony Collis, 'Work, Rest and Play: Recent Trends in the History of Sport and Leisure', *Journal of Contemporary History*, 42 (2007), p.398.
31）例えば、川北稔編『イギリス史』（山川出版社、1998年）；井野瀬久美惠編『イギリス文化史』（昭和堂、2010年）；木畑洋一・秋田茂編『近代イギリスの歴史』（ミネルヴァ書房、2011年）。
32）池田恵子「英国スポーツ史研究の潮流――30年の歩み――」『西洋史学』235号、2009年、240-251頁。この論文は引用文に誤訳がみられるほか、明らかな誤読と思われる箇所が少なくない。
33）Peter Borsay, *A History of Leisure* (London, 2006) に対する Mike Huggins の書評（*Sport in History*, 27 (1), p.142-45）を参照のこと。
34）Tony Collis, 'Work, Rest and Play: Recent Trends in the History of Sport and Leisure', *Journal of Contemporary History*, 42 (2007), pp.397-410.
35）Ibid., pp.399-400.
36）Ibid., p.409.
37）Ross McKibbin, 'Sports History: Status, Definitions and Meanings', *Sport in History*, 31 (2), 2011, p.167.
38）Ibid., p.168.
39）Ibid., pp.173-74.

第3章

メディアとスポーツリテラシー

7

メディアとリテラシー
―スポーツ報道とリテラシーを考える―

佐野慎輔（産経新聞社）

1 教訓を残した朝日新聞の報道

　2014年は自然界がその牙をむき出しにし、日本に襲いかかった年として記憶されるに違いない。8月20日、広島市北部で起きた大規模な土砂崩れは死者74人を出し、国内ではここ30年で最悪の土砂災害となった。それからわずか1ヵ月余り、9月27日には長野、岐阜両県にまたがる御嶽山（3067メートル）が噴火、死者57人、行方不明者6人（1ヵ月後の10月27日現在）を数える戦後最大の噴火災害となった。

　新聞を始めとするメディアはその惨状をできる限り迅速に、そして正確に報道した。被災された方々、遺族の思いを災害対策への課題とともに伝えた。新聞の災害報道への信頼性は、あの2011年3月11日に発生した東日本大震災から高まったと言われているが、今回もそれは揺らぐことはなかった。

　しかし、一方で新聞への信頼を根底から覆す事態が同じ夏に起きた。朝日新聞の2つの誤報とその後の対応である。

　ひとつは8月5日付朝刊での「慰安婦問題を考える」という特集記事である。朝日新聞はこの記事で、朝鮮人女性を強制連行して軍の慰安婦にしたとする故吉田清治氏の証言、いわゆる「吉田証言」を虚偽と判断して当該記事を取り消すとした。また、過去の報道で勤労動員である挺身隊と慰安婦とを混同して使用したとする内容だった。

　朝日新聞が「吉田証言」を初めて報じたのは1982年9月である。実に32年後の訂正、記事取り消しだった。「吉田証言」の信憑性については、1992年に

済州島で綿密な聞き取り調査を行った秦郁彦元日大教授によって否定されている。当初、「吉田証言」を取り上げた新聞各社もこれに基づいて記事を是正していた。しかし、朝日新聞は依然、放置し続けるとともに、「強制連行」を印象づける報道を行った。

この間、日本のリーディングペーパーである朝日新聞が主導した一連の報道によって慰安婦問題は国際問題化し、日本への批判材料となった。とりわけ韓国世論に与えた影響は大きく、日韓関係を傷つける要因ともなっていった。

異例の記事取り消しを行なった朝日新聞だが、特集記事にはお詫びも謝罪もなく、一連の報道が与えた影響についての言及もなかった。後述する、もうひとつの誤報については9月11日に木村伊量社長が会見し謝罪したが、慰安婦問題については「吉田証言」の記事訂正が遅れたとして読者に謝罪しただけだった。

もうひとつは東京電力福島第一原子力発電所事故をめぐる誤報である。朝日新聞は5月20日付朝刊1面で「所長命令に違反　原発撤退」との見出しを掲げ、スクープ記事として福島第一原発の事故処理に言及した。現場責任者である故吉田昌郎所長の待機命令に9割の所員が違反、第二原発に撤退していたとの内容だ。これは朝日新聞が独自に入手した政府の事故調査・検証委員会が吉田所長を聴取した「吉田調書」によるとしていた。

この記事に最初に疑義を投じたのはジャーナリストの門田隆将氏で、故吉田所長と親しい同氏は吉田氏が「命令違反」「撤退」と受け止めておらず、朝日の記事は捏造であると断じた。これに対し、朝日新聞は門田氏と門田氏の証言を8月18日付朝刊で掲載した産経新聞に抗議書を送りつけた（最終的に抗議書は取り下げられた）。

「吉田調書」はその後、朝日報道に疑問を持つ産経新聞、NHK、読売新聞も全文を入手、内容を詳細に分析し報道した。調書には「本当は私、2F（第二原発）に行けとは言っていない」という発言に続き、「2Fに行った方がはるかに正しいと思った」と記されてある。また吉田所長が「撤退」という言葉も使っていないことが明らかになった。

結局、朝日新聞は前述したとおり9月11日に木村社長が会見し、誤報を認めて謝罪したが、ここでも各国の主要なメディアに引用された結果、勇敢に事故処理にあたり「フクシマ・フィフティーズ」と称賛された50人の所員が、

第3章　メディアとスポーツリテラシー

実は命令に反して逃げ出していたという誤ったイメージが国際社会に広まった。誤報の罪と言っていい。朝日新聞は今後、日本国内だけではなく国際社会に向けても誤ったイメージの是正に取り組む責務がある。

　木村社長は会見で「思い込み」と「チェック不足」が今回の誤報の原因であるとの見解を示した。果たして本当にそうなのだろうか、疑念が残った。「吉田証言」は信憑性が否定された時点で、なぜ訂正できなかったのか。自分たちが伝えたいと考えていることを優先させるため、あえて訂正しなかったのではないか。そんな疑問さえ抱かせかねない。「吉田調書」は全体をきちんと読めば「退避」であって「撤退」ではないことがわかる。命令違反でないことも明らかである。反原発の立場から政府批判、東電批判を試みようとした視点が目を狂わせたのではなかったか。

　両者に共通するのは「予見」「予断」である。報道はファクト（事実）の積み重ねに他ならない。「予見」をもって事にあたれば、本来取り上げるべきファクトを見失ってしまう。自分の物差しあるいは記事の都合に合わせてファクトを選択してしまうようなことが起こり、報道に歪みが生じる。そこにあるのはメディアの暴走だ。

　今回の2つの誤報は日本の言論界に大きな存在感をもつ朝日新聞が引き起こしただけにメディア、とりわけ新聞界に大きな禍根を残した。信頼性の喪失という傷である。新聞界をあげて信頼回復に取り組まなければならない。その意味では、メディアとリテラシーを考えていく上でも大きな教訓となった。

2　メディアとリテラシー、そして教育

　メディア（media）を辞書でひくと、①ミディアム（medium）の複数形、②マスコミ（新聞、テレビ、雑誌、インターネットなど）とある。では、ミディアムを調べると、①媒介、媒体、手段、方法、機関、②中間、中位、中庸、③巫女、霊媒、④肉の中くらいの焼き方とある。

　簡単に言えば、メディアとはジャーナリズムという報道、言論の媒体、つまり報道機関ということになろうか。もちろん報道機関以外の情報の手段、例えば広告や時には人なども含まれるが、ここでは既存メディア、マスコミを想定して話を進めていきたい。

ではリテラシーとは何か。「読み書きできる」能力を指す。表現された事象を理解、分析、さらには表現できる能力である。かつては「識字」とも訳された。

　一般的に話し言葉は耳が聞こえ、声を発することができれば特別な教育を受けなくとも日常生活や家族、地域、社会などとの接触で身についていく。しかし、書き言葉は基礎的な教育を受けなければ、読んだり書いたりする能力を自身のものとできない。つまり、リテラシーには教育が必要であると言うことができよう。

　このリテラシーにメディアが付くと、新聞、テレビなどのメディアを通した情報を「理解、解釈、分析」し、「評価、識別」したうえで「活用」する能力となる。

　メディアを通して世の中の出来事を知る立場の人々、「受け手」にとって、氾濫する情報を理解、評価し、時には批判的に読み解くことは重要である。自分を守り、高めていくためにどう活用していくか、そこが問われる。国際連合教育科学文化機関（UNESCO）は定期的に、人の基本的権利を目的とした世界の識字率調査を実施している。識字率が低い、つまりメディアが発信する情報を理解、評価、活用する能力が低ければ不利益を被ることになりかねない。教育の重要性が指摘される所以だ。

　教育現場でメディア・リテラシーを最も早く取り入れたのは英国だとされる。1930年代には既存メディアを批判的に読み解く能力が求められた。危うい大衆文化への迎合を避け、正当を見抜く力の養成が叫ばれた。この背景には、アドルフ・ヒトラーに率いられたナチス・ドイツの伸張とラジオや映画を使った情報操作への対応があった。ローマ法王もメディア教育を授業に取り入れるべきだと言及したが、そこにもヒトラーの影が落ちていた。

　戦後、最もメディア教育に力を入れたのはカナダで、60年代には社会問題を考えるための映画分析が学校教育で実施された。そして、1987年にはオンタリオ州で初めて学校の正規のカリキュラムとして導入されている。

　そこではメディアをこう捉えている。
　①メディアはすべて構成されたものである
　②メディアは「現実」を構成する
　③オーディエンス（観客、聴衆、受け手）がメディアから意味を読み取る

④メディアは商業的意味を持つ
⑤メディアはものの考え方（イデオロギー）と価値観を伝えている
⑥メディアは社会的、政治的意味を持つ
⑦メディアの様式と内容は密接に関連している
⑧メディアはそれぞれ独自の芸術様式を持っている

以上、メディア教育に関しては「日本のマスメディア」（放送大学教育振興会編）所収の小室広佐子・東京国際大学教授論文を参照した。

メディア側の人間としてすべてに頷けるものではないが、メディアがどこを切り取るかよって表現されるものは異なる。例えばデモや集会、参加人数は主催者側発表と警察側発表とでは少なからず隔たりがある。どちらを採って報道するかによって受け手の印象は大きく変わってしまう。事件の速報、生中継でもどの場面を映像として流すかで印象が違ってくる。そこに送り手、つまりメディア側の意図が入り込む余地がある。あるがままの現実を映すのではなく、誰かが目的を持って制作することもあり得るわけだ。

一方で受け手側の知識や経験、主義、主張によって受け止め方が異なり、必ずしも送り手側の意図通りになるとは限らない。むしろ、そうした批判的に受け止める目を養うことが重要な意味を持つと考える。

かつて産経新聞は「新聞を疑え」というキャッチコピーで CM を流したことがあった。その意図するところは朝日新聞が主導する路線への異議ではあったが、メディア・リテラシーの考え方が反映されていたと言ってもいい。

日本でもメディア・リテラシーが学校教育に導入されようとしたことはある。しかし、1950 年代は機器の使い方が中心であり、60 年代もテレビ、ビデオの授業への活用に終わった。80 年代には「情報リテラシー」という文言が臨時教育審議会の報告書に登場、96 年に中央教育審議会の答申として情報教育の実施が盛り込まれた。高校に情報と名の付く教科が置かれたものの、実態はコンピュータ等の機器の操作技術習得が行なわれたに過ぎなかった。ようやく 21 世紀に入り、メディア・リテラシーを取り上げる研究者が現れ、大学の講義などで扱われ始めた。ただ、メディアの現実と向き合ったものはまだまだ少ない。

ジャーナリストの池上彰さんは東京工業大学教授として講義を持つ。その講義に典拠したコラムを日経新聞に連載している。2013 年 7 月 1 日付紙面では

メディア・リテラシーに言及していた。「リテラシーとは読み書きのこと。つまりメディアを受け止める能力のことをいいます。メディアを信じる、信じないということではなくて、それぞれの利点と欠点を受け止めながら付き合い方を考えていくことが大切だと思うからです」と書き起こした池上さんは、東日本大震災でのメディアの役割に触れ、メディアの限界と活用に論考を加える。そしてネット検索が陥る罠（わな）を指摘。例えば「原発は危険」という視点で検索すれば危ない情報があふれ、逆に「大げさだ」という立場で検索すれば冷静な情報だけが集まると説く。言い換えれば、一方的な立場から情報を得ようとすれば偏った情報しか得られず、バランスを崩して危険な状況を招くということになろうか。

だから池上さんは戦前、戦争を肯定する情報を続けたメディアの反省を踏まえて「客観報道」の重要性を説く。その論考は素直に肯首できる。ただ、「客観報道」という言葉には胡散臭さもついて回る。記事あるいはニュース発信は現場にいる記者が扱う。どこを切り取り、どの位の大きさで扱うか。個人のフィルターを通したものになる。仮にデスクという"読み手"の目を経たとしても、客観性の担保に疑問が残る。デスクも個人であり、会社の主義、主張というバイアスもかかるからだ。今回の朝日新聞の「吉田調書」をめぐる報道はまさにそこに起因していたのではなかったか。

メディアには3つの特性がある。①報道、伝達、②批評、批判、③啓蒙だ。報道で重要なことはファクトの積み重ねであると前述した。その上で批判、批評を加えるのがジャーナリズムである。この場合、むしろ自らの立ち位置を明確にすることが肝心ではないか。

しばしば、日本の新聞は欧米と比べてわかりにくいと指摘される。読売、日経、産経が「保守」で、朝日、毎日、東京が「革新」であることは雰囲気でわかるが、選挙ではことさら中立色を出そうと腐心する。米国では、選挙が近づくと新聞は政党の支持を明確にし、読者はそれを理解した上でニュース価値を判断する成熟さを有している。

インターネット環境の普及からソーシャル・ネットワーキング・サービス（SNS）が報道の大きなポジションを占めるいまこそ、ファクトの積み重ねである報道分野はネットに任せて既存メディアは批判、批評性を強めて特徴を出すべきだとの意見も聞かれる。いやネット上のファクトも既存メディアが提供

第3章　メディアとスポーツリテラシー

しているのだと言ってしまえばそれまでだが、今後、十分視野に入っていく話であろう。その場合、ある程度の旗幟を鮮明にしたうえで両論併記とはいかないまでも異なる主義、立場をも紹介する土壌が必要となるのではないか。そこで改めてメディア・リテラシー教育の必要性が問われることになるだろうし、両論を併記した報道がメディア・リテラシー教育の地平を開くことになるかもしれない。

3　日本のスポーツ報道のありよう

手元にメディアに関する印象・評価のアンケート集計表がある。新聞、テレビ（NHK）、テレビ（民放）、ラジオ、雑誌、インターネットの6ジャンルに分け、それぞれの印象・評価を尋ねた結果である。複数回答可で問い、4092モニターの返答があった。それぞれのジャンルの上位5項目に入った印象・評価をあげてみよう。

▼新聞
社会に対する影響力がある　　　　　　　　　　　　　　54.6%
知的である　　　　　　　　　　　　　　　　　　　　　52.4%
社会の一員としてこのメディアに触れていることは大切だ　50.1%
地域に密着している　　　　　　　　　　　　　　　　　47.8%
教養を高めるのに役立つ　　　　　　　　　　　　　　　47.6%
▼テレビ（NHK）
社会に対する影響力がある　　　　　　　　　　　　　　53.8%
情報の信頼性が高い　　　　　　　　　　　　　　　　　47.3%
安心できる　　　　　　　　　　　　　　　　　　　　　46.6%
情報が正確である　　　　　　　　　　　　　　　　　　46.6%
知的である　　　　　　　　　　　　　　　　　　　　　45.7%
▼テレビ（民放）
楽しい　　　　　　　　　　　　　　　　　　　　　　　59.1%
話のタネになる　　　　　　　　　　　　　　　　　　　58.5%
親しみやすい　　　　　　　　　　　　　　　　　　　　58.2%
手軽に見聞きできる　　　　　　　　　　　　　　　　　49.6%
社会に対する影響力がある　　　　　　　　　　　　　　48.5%
▼ラジオ
親しみやすい　　　　　　　　　　　　　　　　　　　　25.7%

イメージがわかない・評価できない	25.2%
手軽に見聞きできる	24.2%
楽しい	20.3%
話のタネになる	19.5%

▼雑誌
話のタネになる	31.5%
楽しい	28.5%
イメージがわかない・評価できない	21.9%
親しみやすい	21.4%
自分の視野を広げてくれる	20.9%

▼インターネット
情報が早い	51.4%
情報量が多い	48.5%
時代を先取りしている	46.6%
多種多様な情報を知ることができる	46.5%
手軽に見聞きできる	39.1%

32項目中、新聞が19項目でトップだった。「知的」で「影響力が」あり、「視野を広げてくれ」「情報源として欠かせない」「情報が詳しく」「整理されて」いて「バランスよく情報が得られ」「世論を形成する力が」あり、「世の中の動きを幅広くとらえて」いて「情報の重要度がよくわかる」。だから「仕事に」も「日常生活に」も役立ち、「教養を高めるのに役立つ」。さらに「地域に密着」し「物事の全体像を把握することができ」「読んだことが記憶に残」り、「社会の一員としてこのメディアに触れていることは大切だ」。新聞のトップ項目を並べると、こんな文章になる。日本新聞協会広告委員会が2011年に実施した調査で若干、新聞にバイアスがかかっているとはいえ、ほぼ順当な結果といっていい。

　このアンケート通りなら新聞の購読がもっと増えていいはずが、必ずしもそうはなっていない。そこに新聞の悩みがある。加えてこのアンケートがどうした層を対象にしたのか、年齢別に構成されていたら実態が把握できるが、恐らく若い層の反応だけを抽出すればもっと違う結果になっていただろう。若い層に新聞が読まれていない。そこにメディア・リテラシー、あるいはメディア・リテラシー教育の影は落ちているだろうか。

　NHKは「安心できる」「情報の信頼性が高い」「中立・公正である」の3項目、

第3章　メディアとスポーツリテラシー

民放は5項目「親しみやすい」「分かりやすい」「楽しい」「話のタネになる」「手軽に見聞きできる」。ラジオは「イメージがわかない・評価できない」がトップで、1項目もトップがなかった雑誌とともにショッキングな結果がでた。インターネットは「時代を先取りしている」「情報量が多い」「情報が早い」「多種多様な情報を知ることができる」の4項目がポイント・トップで、若い層が対象の調査ならさらに項目とポイントを増やしていたと思われる。

　ここではスポーツ新聞が対象メディアにあがっていない。ある調査機関が2012年に実施したアンケートでは、スポーツ新聞のイメージは「明るい」「活気がある」「アクティブ」「面白い」「自由」とあるからほぼ民放テレビと一緒と考えていいかもしれない。

　朝日、読売、毎日、日経、産経といった一般紙におけるスポーツ欄のポジションはほぼ同じだ。1、3面、政治、国際、経済、株式と読み継いでいって地方版、社会面の前というのがほぼ定位置だ。これは文化面と並んで息抜きの意味があると考えていい。ジャーナリズムの特性を3点前述したが、スポーツ報道はこれに「娯楽性」が加わる。そして娯楽性をより追求したのが、民放テレビのスポーツ番組であり、スポーツ新聞であると言えよう。

　日本のスポーツ報道はいわゆる「勝った」「負けた」の結果報道中心である。批判・批評や啓蒙は後回し。プロ野球を中心に大リーグ、プロサッカー（こちらは日本代表と欧州のプロリーグが中心）、プロゴルフ、大相撲の試合結果が紙面の多くを占めている。大会期間ともなればオリンピック報道やサッカーのFIFA（国際サッカー連盟）ワールドカップ（W杯）報道、さらには陸上、水泳の世界選手権など国際競技大会の比重も高まる。スポーツ新聞はここに競馬やボートレース、競輪などギャンブルを加えて構成される。

　人気選手を中心にしたヒーロー、ヒロイン主義は活躍する海外在住選手に顕著だ。大リーグの田中将大、イチローやサッカーにおける本田圭佑、香川真司、長友佑都、ゴルフの松山英樹、石川遼にフィギュアスケートの浅田真央や羽生結弦など、彼らの動向は微に入り細に入り語られる。最近はテニスの錦織圭もここに加わった。プロ野球では昨今、地域性もめだってはきているが、東京における巨人と大阪地区の阪神は相変わらず揺るぎない占有率を誇る。とりわけ阪神は勝っても負けても大きく取り扱う。関西メディアの特徴だ。

　反面、失礼な言い方だが、マイナー競技の扱いは極端に小さくなり、国体や

大学スポーツもかつてほどの勢いはなくなった。パラリンピック競技は2020年東京開催の影響もあって少しずつ占有を伸ばしているものの、長らく運動面ではなく社会面扱いだった。

　この傾向は一般紙、スポーツ新聞を通して変わらない。テレビのスポーツニュースも同様である。しかも、技術論より人物優先。時には度を超えて勝利を煽ることも少なくない。オリンピックやFIFA・W杯などにその傾向が顕著だ。前述のアンケート結果にあった「明るい」「面白い」などの具現化である。また国際大会では技量の優れた外国人選手より、成績が悪くても日本選手を報道する「日本県版」「日本人至上」が根本にある。ところが、負けたとたん"手のひら返し"が始まる。これらを称して「ポピュリズム体質」だとスポーツ報道を批判する向きもある。

　確かに大きな活字とセンセーショナルな見出し、カラー写真で強調されるスポーツ新聞や人気タレントを起用して盛り上げをはかる民放テレビのスポーツ中継には、その顕著な傾向をみてとれる。スポーツ新聞は即売市場で買ってもらうため、民放テレビは視聴率という"怪物"と戦うための手段となって久しい。そこに購買層、視聴者層を意識しなければならない現実が横たわる。日本のスポーツ報道の特異性と後進性を指摘する声も少なくない。特に価値観が多様化している若年層には不満が充ちている。

4　早稲田でサッカーW杯報道について聞いた

　2014年はサッカーのFIFA・W杯ブラジル大会が開催された年だった。32カ国・地域が出場し6月12日に開幕した大会は、7月13日にリオデジャネイロのマラカナン競技場で決勝戦が行なわれた。ドイツがアルゼンチンを延長の末、FWゲッツェのゴールで1対0と下して1990年イタリア大会以来、6大会ぶり通算4度目の優勝を飾った。東西ドイツとなってから初めての優勝だった。決勝戦の観衆は7万4738人に上った。優勝が期待された開催国ブラジルは3位決定戦でも敗れ、ファンを大きく落胆させた。

　この大会で5大会連続5回目のW杯挑戦と成った日本代表は1次リーグ戦Cグループで敗退、決勝トーナメント進出の夢は果たせなかった。以下は日本のブラジル大会全成績である。

第3章　メディアとスポーツリテラシー

	日本時間	相手	会場	試合	観衆
第1戦	6月15日10時	コートジボワール	レシフェ	1－2	4万0267人
第2戦	6月20日7時	ギリシャ	ナダル	0－0	3万9485人
第3戦	6月25日5時	コロンビア	クイアバ	1－4	4万0340人

　視聴率は、第1戦がNHK総合の中継で46.6％、第2戦は日本テレビで33.6％、第3戦がテレビ朝日で37.4％。日曜日にあたった第1戦以外は平日の朝で出勤、通学の影響もあってテレビ関係者が期待した数字には届かなかった。日本代表が勝っていればもっと高い数字になっていたはずという声も聞かれたが、50％に届いた試合はなかった。

　敗戦後、日本サッカー協会は4年間監督を務めたアルベルト・ザッケローニ氏を解任、直ちに元メキシコ代表監督としてW杯出場経験を持つハビエル・アギーレ氏を新監督に迎えた。そのアギーレ新監督はスペイン1部リーグのサラゴサ監督時代に八百長疑惑があったとスペインの裁判所から訴追された。

　さて、この大会の日本代表をめぐる報道である。一般紙、スポーツ新聞、テレビに限らず日本代表を詳細に報道。1次リーグ突破はおろか決勝進出も夢ではないとまで"前景気"が煽られた。煽動報道といってもいい状況だった。

　直前発表のFIFAランキングでは日本は46位で参加32チーム中29番目のランクに過ぎない。Cグループの各チームはコロンビア8位をトップにギリシャ12位、コートジボワール23位とすべて日本より上位にランクされていた。それでも事前報道では日本の進出を大きく喧伝したのはなぜか。

　そこに前述した日本のスポーツ報道の特異性がある。スポーツ新聞は即売市場で読者に手に取ってもらえるよう目立たなければならない。慎重な内容よりも、たとえ可能性であっても期待感を前面に押しだす傾向の記事内容となるのは否めない。テレビのスポーツニュース等も同様だ。とりわけ中継するテレビ局はスポンサー対策もあってより関心を高める必要がある。それが煽動報道ともとられかねない贔屓報道となった大きな要因といっていい。加えて、サッカー解説者たちの期待感を込めた戦力分析、戦力予想が後押しした事も否定できない。そして結果が出た後、報道は一転した。浮き足だったシーンがクローズアップされたザッケローニ采配の批判に代表されるような記事が並んだ。手元に第1戦終了後の一般紙、スポーツ新聞各紙の見出しがある。一般紙は6紙中、

東京をのぞいた5紙が内容を1面で報じた。スポーツ紙は中日ドラゴンズの東京中日、阪神タイガースのデイリーを除く4紙が1面で大きく報道している。その1面見出しを紹介しておく。

「日本、魔の2分」(朝日)、「日本、初戦敗れる」(毎日)、「日本　初戦逆転負け」(読売)「日本、初戦飾れず」(日経)、「日本、逆転負け」(産経)「ザック大失態」(日刊)、「本田勝利弾次こそ」(スポニチ)、「本田がいる」(報知)、「本田勝つしかない」(サンスポ)

　まだ、初戦に敗れただけかもしれないからだが、見出し的には日刊スポーツを除けばおとなしく、次戦に期待を持たす内容となっている。しかし、次のギリシャ戦で引き分けるとトーンダウンしていった。正直にいうと、FIFAランキングを考えれば最もチャンスのあるコートジボワールに敗れた時点で起こる結果は予測できた。それでは熱が冷めるとばかり、期待感を持たせた苦心の紙面制作となったと言えるだろう。結果的に、起きたことに批判を加え、批評するのは当然だが、事前で根拠なく煽りながら手のひら返しのような記事はいかがなものかと、スポーツ・メディアの分析力に疑問が呈されたのだった。

　2試合を終えた後、W杯のスポーツ報道をどう見ているか、早稲田大学スポーツ科学部のスポーツビジネスB「メディア論」の授業で教場アンケートを試みた。学部の2年生以上約150人が学ぶ授業である。結論から言えば、否定的な意見は思ったほど多くはなかった。むしろリテラシーと絡めた回答に救いがあった。代表的な意見をいくつか紹介する。

《否定的な考え》
- メディアの報道は傾きすぎ。選手の父のことなど、直接サッカーと関係ない情報を流して視聴率のために利用している。
- メディアは選手に優しすぎ。特にテレビは選手を批判しない。もっと正しく報道を。
- とくにW杯のような大きなイベントでは日本をとにかく応援しようとする報道になっている。もっと冷静な状況分析が必要だ。
- 開幕前、ベスト8とか優勝といった報道があった。しかし、差は確実にあり、状況は厳しいことをしっかり報道すべきだった。
- 海外メディアは良くも悪くも表現や伝え方がストレート、ありのままを知ることができる印象だ。日本のメディアの表現は見る者に頭からイメージを植

え付けている。
- 日本代表の実力以上の空気をメディアが醸成した。
- 視聴率をとりたいがための過度の煽りは止めた方がいい。メディアはスポーツを金儲けの手段として利用しているように映る。
- 煽るだけ煽って、負けたら手のひら返しの現状に問題。一貫した主張をとるべき。
- スポーツ選手をアイドルのように扱っている。本当の実力が見えてこない。
- 過大評価もさることながら、日本の報道は勝利主義に走りすぎている。

《やや肯定的な考え》
- 日本のメディアだから日本を贔屓するのは当たり前。4年に1度の大会は盛り上がる。ただ、大きく取り上げ過ぎて負けたときの残念な空気を感じる。
- 日本の贔屓報道は仕方ない。ただ、他国の報道の量が少なく物足りない。
- テレビのニュースでも大きく報じるので、試合を見ていなくとも情報がわかる。
- 前回より多く報道されてうれしい。日本贔屓も視聴者からすれば、一緒に戦って行く気持ちにさせられる。関心を持ってくれる人も増える。
- 求めているものを報道している側面もある。メディアは私たちを映す鏡
- 競技に詳しい者には厳しい批判もうれしいと思うが、大衆レベルでは動機づけや認知度を高める目的で多少の誇大報道は許されるのではないか。
- 注目のために煽ることは仕方がない。しかし、うるさい実況や芸能人はいらない。
- 過大な評価で期待感も高まり、代表の力にもなる。

《こうしたら…という意見》
- 代表の戦力分析への不信感がある一方、データを活用した解説はわかりやすい。日本人として主観的に捉えた記事と明確な分析にそった記事、両方が必要だ。
- 代表への期待感を込めた報道は仕方ない。改善すべきは試合後、擁護よりも批判が必要だ。それによって代表の自覚も高まる。他国との比較解説が欲しい。
- 好成績を予想してムードを高めることで選手にもいいプレッシャーがかかる。ただ辛口批判も必要で厳しい分析の専門紙があってもいい。

- 真実と読者、視聴者の視線のバランスを考えるべきだ。
- 東京オリンピック、東日本大震災からの復興と絡めた記事があってもよかった。

《リテラシーの領域で考えた》
- サッカーに限らず狭い領域で情報を得ることは危険。ネットなどは出典も不明確であり、自ら情報を選べるようになりたい。
- 真実を平等に伝えると言う意味では日本のメディアはあまりよいとは言えない。ただ、伝えるメディアによって様々な報道があることは個性としておもしろい。
- 今日では情報量が膨大で簡単に得られるが、うまく利用しないと混乱が生じる。正しいメディアの使い方を考え、学ぶ必要がある。
- メディア情報を鵜呑みにしない。様々な情報をいろんなソースから入手して理解していくことが大切だ。
- サッカー文化醸成のためには現実を伝えるだけでなく、厳しい批判、論調も必要。批判の仕方も大事になるので，そこを育てていく必要がある。
- 日本のスポーツそのものが未発達、自国と関連づける事でしか見る事のできない人が大多数。スポーツ文化が醸成していけば過剰報道は必要なくなる。
- メディアの影響で世論が左右される。効力を十分理解した上で真実を伝え、平等な報道を心がけるべきだ。

　学生たちの意見をすべて紹介できればいいのだが、個々に取り上げただけでも彼らが十分な理解を持ってスポーツ報道に接していることがわかる。ここだけ取り上げるとメディア・リテラシーを進めていく目は熟していると言えるかもしれない。ただ、彼らはもともとスポーツに強い関心を持って早稲田大学スポーツ科学部に入学している学生で、その意味では逆に特殊なのかもしれない。同様の答えを一般レベルに期待できるか、わからない。そこにメディア・リテラシーを学校で教育していく必要性が求められる。同時に、受け手ばかりではなく、情報を発する側に対する教育の必要性もまた感じられる。

5　メディア・イベント、スポンサードと報道

　日本のスポーツ報道を左右する要因の一つに、自社が主催するスポーツ・イ

第3章　メディアとスポーツリテラシー

ベントや競技団体との関係の深さ、そしてスポンサードしている問題がある。

日本のスポーツはメディアとともに発展してきたと言ってもいい。よく知られた例では「高校野球と朝日新聞、毎日新聞」「プロ野球と読売新聞、日本テレビ」「箱根駅伝と日本テレビ、読売新聞」などが挙げられる。それは西洋型のスポーツの日本伝播と新聞の誕生がほぼ同時期であったことと深く関係している。

野球を例に挙げよう。野球の到来は明治5年、1872年頃とされる。大学南校、第1大学区第1番中学校（旧制第一高等学校を経て現在の東京大学）に英語教師として赴任した米国人ホーレス・ウィルソンが生徒たちに伝えたとされ、右手にボールを乗せた記念碑が神田・学士会館敷地内に建立された。同じ頃、増上寺に仮住まいしていた開拓使仮学校（現在の北海道大学）英語教師のアルバート・ジー・ベーツが持参したバットとボールを使って指導した。この頃、新聞もまた相次いで創刊されている。72年東京日日新聞（現・毎日新聞）、郵便報知新聞（現・報知新聞）、74年読売新聞、79年大阪朝日新聞などである。

新聞のスポーツ記事は明治14（1881）年、島津家で催された天覧相撲を郵便報知が掲載したことが始まりとされる。競技スポーツへの関心は1895年の日清戦争後、戦争報道による部数、ページ数の拡大でスポーツ記事が注目された。そして、この頃興隆しつつあった野球が脚光を浴びることになる。1896年、一高対横浜外国人クラブの野球試合を時事新報、東京朝日新聞が報道、1905年には初の米国遠征を試みた早稲田大学野球部の安部磯雄部長の手記を東京朝日が渡米記として掲載、以後、野球人気の高まりを新聞が支えていった。

一方で野球人気の高まりは選手、関係者の増徴を招く。東京朝日新聞は1910年11月、野球の興行化を憂う批判記事を掲載、翌11年8月から「野球と其害毒」と題する批判キャンペーンに発展していく。新渡戸稲造、乃木希典ら著名な教育者を登場させ、「野球は巾着切りの遊戯」「野球選手は不作法」と言った内容の批判を展開した。これに対し、押川春狼、橋戸頑鉄、河野安通志ら早稲田大学野球部OBが中心となって設立した天狗倶楽部が読売新聞、東京日日新聞を舞台に反論を掲載、後の新聞戦争のような様相を呈していった。

結局、不買運動などもあって朝日側が連載を突然中止し、事態は収拾された。その後、15年に大阪朝日新聞が全国の中等学校代表を招いて「全国優勝野球大会」を開催する。今の"夏の甲子園"である。ちなみにこれは、野球害毒論争で指摘された弊害の克服を掲げたが、本音は知名度上昇による部数拡大を狙

ったイベントだった。関西財界が後押しし、阪急電鉄の小林一三の功績も大きい。第1回開催の豊中球場は小林が沿線開発のため建設したスポーツ施設である。この朝日の動きに呼応したのが毎日新聞、25年に"春のセンバツ"大会を開催している。翌26年には東京六大学連盟が発足、NHKラジオが中継した。

　ラジオによる東京六大学、甲子園大会の全国報道が野球人気を高めていくもととなったことは言うまでもない。

　プロ野球の始まりは昭和6（1934）年、読売新聞がベーブ・ルースら大リーグ選抜チームを招いて興行、その相手として大日本東京野球倶楽部を結成したことによるとされている。2014年がプロ野球80周年にあたるとされるのは、そのためだ。話は逸れるが、プロ野球には前史がある。1920年創設の日本運動協会、通称・芝浦協会が初のプロ野球球団である。これもまた「野球と其害毒」が発端で、学生野球浄化を考えていた安部磯雄の教え子である河野安通志がプロとアマの間に「明確な一線を引くべし」と創設した。河野は橋戸頑鉄、押川春狼らと語らい合資会社として芝浦協会を発足、芝浦の専用球場を賃料を取って貸し出し収入を得るとともに合宿生活で勉学と野球に打ち込む理想を描いたのだった。

　ともあれ、読売新聞が火をつけた職業野球は大学野球、高校野球の後塵を拝しながら発展、戦後は川上哲治の赤バット・大下弘の青バットによるホームラン量産で幕を開け、長嶋茂雄の登場と天覧試合によって「国民的スポーツ」の座を得ていった。読売はこれによって部数を拡大、系列の日本テレビは視聴率を伸ばした。野球はメディア発展のツールとしても不可欠なものとなった。現在も続く中日新聞以外にも、毎日、産経などがプロ球団を経営した。

　野球を例示したが、同様の形でメディアとスポーツ・イベントは二人三脚で発展していく、よく知られているのはゴルフ大会だが、最近顕著なのはマラソン大会、駅伝大会だ。これはトップ選手が出場する大会はもとより、一般参加の大会で動員が目立ち、知名度の浸透とともに部数の拡大など、新聞・テレビにとって収入源のひとつともなっている。

　こうしたメディア主体のスポーツ・イベントは形態として、①自社、他社関連にかかわらず大きく報道する（春夏の甲子園、箱根駅伝など大学駅伝、トップ選手参加のマラソン）、②自社イベントほどではないが、きちんとスペースをとって報道する（春高バレー、各種駅伝、プロゴルフ、柔道など国際大会）、

第3章　メディアとスポーツリテラシー

一般紙	スポーツ紙	テレビ	ラジオ
朝日新聞	日刊スポーツ	テレビ朝日	（文化放送）
毎日新聞	スポーツニッポン	TBSテレビ	TBSラジオ
読売新聞	スポーツ報知	日本テレビ	ラジオ日本
産経新聞	サンケイスポーツ	フジテレビ	ニッポン放送、文化放送
日経新聞		テレビ東京	ラジオ日経
東京新聞	東京中日スポーツ		
中日新聞	中日スポーツ	東海テレビ	東海ラジオ
神戸新聞	デイリースポーツ	サンテレビ	

③かつてほどではなく、扱いが小さくなった（都市対抗野球）、④主催・共催社のみが報道する（市民マラソン、アマチュアゴルフ、少年野球など）などにわかれる。公共を使命とするメディアが公共性の高いイベントを支援することは悪いことではなく、確実に日本のスポーツの進歩に貢献している。

　日本のメディアは系列化が進み、系統ができあがっている。これらがスポーツ・イベント実施に大きな役割を担っている。またリテラシーを考えていくヒントにもなるだろう。

　一方でスポーツ・イベントの主催、共催などは報道での偏り、時として都合の悪いニュースの秘匿も起こり得る。放送権という特殊性を持つテレビに顕著だが、スポンサーや競技団体とのなれ合いやそこからの圧力といった歪みも生じかねない。また、朝日新聞とサッカーW杯、読売新聞と日本オリンピック委員会、日経新聞とFIFAはスポンサー関係にあり、報道には関係はないとはいえ、距離の近さを問題視する向きもある。より強い自制と圧力等におもねらない姿勢が問われる。

6　だから「メディアを疑え」なのである

《受け手は学ばなければならない》
　受け手は、「客観」という言葉に踊らされてはいないか。
　受け手は、メディアの立ち位置を学ぶ必要がある。
　受け手は、メディアの信頼性に従順すぎないか。
　受け手は、メディアの違いを認識するためにも読み、見比べることが大事だ。

7　メディアとリテラシー

　受け手は、報道を批判して読む、見る習慣をつける必要があるだろう。
　受け手は、報道を批判して読む、見るための知識を得なければならない。
　受け手は、メディアの過剰演出を見破る目を養わなければならない。
　受け手は、メディアの商業主義に乗せられてはいけない。
　受け手は、SNS等の普及で発信する側にまわることがある。
　だからリテラシー教育が必要なのである。
《発信する側も学ばなければならない》
　メディアは、ファクトを積み重ね、正確な報道を心がけなければならない。
　メディアは、予見を持って取材、執筆してはならない。
　メディアは、立ち位置を明確にするべきである。
　メディアは、異なる意見の掲載を躊躇してはならない。
　メディアは、数字を客観性の担保に恣意的に使っていないか。
　メディアは、第三者という予定調和を常に用意してはいないか。
　メディアは、商業主義に立脚しているがゆえに高い倫理性が求められる。
　メディアは、ポピュリズムに陥ってはいないか。
　メディアは、過剰演出、過剰露出を気にかける必要がある。
　メディアは、スポンサー、スポーツ団体と一線を画すべきである。
　メディアは、批判・批評性を常に意識しておくべきだ。
　だからリテラシー教育がメディアにも必要なのである。

　上記はスポーツメディア・リテラシーを小室教授のようにまとめてみた。長年スポーツ報道に携わってきた自戒もこめて言うのだが、大きなスポーツ・イベントを取り上げて大騒ぎしすぎるなど日本のスポーツ・ジャーナリズムは未成熟である。2020東京オリンピック・パラリンピックを控え、様々な化学変化がスポーツ界にも起きつつあるなかで、あらためて批評・批判の目を養うとともにリテラシー問題と真剣に向き合っていく必要があると考える。

メディアは日本のスポーツを
良くしてきたのか

坂田信久（元日本テレビプロデューサー）

はじめに

　神様からの贈り物—いまではそんなふうに感じている。
　2013年度全国高校サッカー選手権大会は、富山第一高校の優勝で幕を閉じた。同じ富山市内の高校出身で、選手権の舞台（西宮開催時）にも立ったことがある私だったが、正直自分が生きている間に、富山県勢が全国制覇するなどあり得ないと思っていた。それだけにこの偉業は感慨深かったが、私にとっての喜びはそれにだけに留まらなかった。半年ほどして、富山第一高校を率いた大塚一朗監督と偶然携帯で話す機会に恵まれた。
　「はじめまして」と挨拶する私に、大塚監督は「実はこれまでに二度お会いしたことがあるんです」と返された。一度目は、大塚監督が小学生時代に、当時よみうりランドで開催されていた全日本少年サッカー大会に出場した時。二度目は、高校時代に富山第一高校の選手として出場した時とのことだった。
　かつて私は日本テレビのディレクター、プロデューサーとして約30年間スポーツ畑を歩んだ。とりわけサッカーへの思い入れは強く、大塚監督が口にしたいずれの大会も、テレビ事業がスタートするにあたって私が深く関わったものだった。その関係でプロデューサーを務めていた時には、大会期間中、しばしば試合会場に足を運んでいた。その際、郷里である富山県の代表チームを、時には激励に訪れたり、時には差し入れを贈ったりしていた。ともにチームの主将を務めていた大塚監督は当時の私のそうした振る舞いやその時掛けた言葉を覚えてくれていたのだ。ただ、それと同じくらい嬉しかったのは、2つの大

会が我が国のサッカーを愛する若者たちの大いなる憧れの舞台へと発展し、その中で育まれたひとりの青年が、今度は母校の監督となって晴れ舞台で全国優勝を勝ち取ったという現実だった。それはまさしく私自身がテレビマン時代に描いていた理想的なメディアとスポーツとの関わり方でもあったからだ。

冒頭の言葉はそんな私の心情を表したものだが、一方で、この出来事は自分自身のテレビマン時代をいま一度振り返る良いきっかけとなった。

そこで、私がかつて在籍していたテレビ局を含めたメディアとスポーツの関係がどんなものだったのか、自身の歩みを辿りながら思いつくままに綴ってみたい。

1　メディアでスポーツを伝えること

メディアとスポーツイベントの関わりは、新聞社の販売促進活動の一環として始まった歴史がある。その背景には、日清戦争、日露戦争と続いた時代に新聞の販売部数が一気に伸びたことから、人々の関心が集まる"イベント"は販促に結びつくという考え方がベースになっている。

そんな中で最初に誕生したのが、1901年11月9日、福沢諭吉が興した時事新報の主催による「東京上野公園不忍池湖畔、全12時間の長距離競走」で、大会前後にかなりの紙面を割いて伝えられた。それに続けとばかりに、1915年に大阪朝日新聞社が「全国中等学校優勝野球大会」（現・全国高校野球選手権大会）、1918年に大阪毎日新聞社が「日本フットボール優勝大会」（現・全国高校ラグビーフットボール大会、全国高校サッカー選手権大会）、1920年に報知新聞社が「四大校駅伝競走」（現・東京箱根間往復大学駅伝競走）を創設するなど、現在も続く大会の多くはすでにこの時代に生まれていた。

その後、メディアの主役は新聞からラジオを経てテレビの時代へと移っていくが、それに伴ってスポーツをいかにありのままに伝えるかが求められるようになった。こうした時代に我が国においてもっともインパクトを与えたのが、テレビの技術革新という点で世界的に注目された1964年の東京オリンピックである。衛星放送やカラー放送、ヘリコプターを使用したマラソンの完全生中継、スロービデオ、帽子の横からマイクを付けて実況できるようにした説話マイクなど、国の威信を賭けたビッグイベントの開催を機に、NHK放送技術研

第 3 章　メディアとスポーツリテラシー

究所が中心となって多くの新たな技術が開発され、テレビオリンピックの幕開けと称された。

　とはいえ、私がその前年の 1963 年、開局 10 年目の日本テレビに入社した時には、まだまだ映像化するだけで精一杯だったという印象が強い。

　当時はテレビカメラの台数が限られていた関係で、私の先輩たちの時代は、例えば、プロ野球中継でもカメラを広い球場のどこに配置すればより多くの視野を確保して視聴者にわかりやすく伝えられるかについて何度も議論が交わされたという。局にはカメラは 3 台、倍率の大きなレンズは 1 本しかなかった時の話である。加えて、当時のカメラの重量は今よりもはるかに重く一台 50 kg ほどで、電源やケーブルなどを含めれば 100 kg 以上あったわけだから、現場に持ち運ぶだけで一苦労だった。ハンディカメラがなかった頃だけに、例えば、ゴルフ中継ではカメラをリヤカーに載せてホールを回っていたそうだ。

　日本テレビの全番組でカラー化が実現したのは、入社から 8 年後の 1971 年だった。その 3 年後には一般の家庭向けに VTR が発売されるなど、人々の映像への関心度や注目度はこの頃一気に高まってきたが、それでも録画やスロー再生といった中継にアクセントを付けるような技術は試行錯誤で、どちらかと言うと、技術が人間の足を引っ張っていた時代だった。

　主にディレクターとしてプロ野球中継に関わり、巨人軍の V9 時代をモニター越しに見守っていた 1970 年代だったが、この頃私はプロデューサーとしての仕事も任されるようになった。そのとき初めて携わったのが、全国高校サッカー選手権のテレビ事業だった。これは続々と地方局が開局したことによるメディアの全国的な広がりと、そのネットワークを生かした番組作りが時代の流れにマッチしたことで大きな成功を収めることになるが、新たなメディアの在り方や示し方を提示できた点では意義深いものだった。

　同じくプロデューサーとして 1980 年代に取り組んだのが、箱根駅伝の完全テレビ中継化だった。この時代においてもまだ、主に山岳地帯を中継できるだけの技術は伴わず、そんな中でいかにしてこのソフトを視聴者に届けることができるかに知恵を絞った。もちろん技術の克服が最大のテーマではあったが、番組作りという点では、それ以外の部分で学び、気づかされることが多かった。

　1991 年に東京で開催された世界陸上では、全世界に向けて配信する国際映像を制作するホストブロードキャスターとして世界一の映像作りに挑戦した。

〈競技はシンプルに、その前後はドラマティックに〉というキャッチフレーズを掲げ、細部に至るまでこだわり抜いて制作した映像は、国際陸上競技連盟から異例の特別表彰を受けるほど高い評価を受けた。私自身、中継、映像技術ではこの時代の一つの到達点だったと自負している。

2　放送責任というテーマ

　テレビの技術が向上し、スポーツ中継が一定の成熟期を迎えた時代に、作り手であるテレビマンに問われ始めたものが、「放送責任」だった。

　テレビが広く家庭に普及し、その影響力が大幅に増すようになると、商業主義が優先され、スポーツ中継であっても、やや極端に言うと、スポーツの「中身」よりも視聴率の数字が絶対的な価値を持つようになっていった。必然的にテレビ局同士の視聴率競争は熾烈を極め、好視聴率を期待できる優良ソフトの争奪戦が勃発した。

　例えば、1970年代初めに美人選手の登場をきっかけに巷でボウリングブームが到来すると、各テレビ局は一斉に飛びつき、連日中継や関連番組を放送した。その結果、視聴者に飽きられたのか、あっという間にブームは去り、やがて大会や番組が次々に終了した。これなどはソフトが数字優先のメディアの犠牲になった初期の時代の代表的な例だろう。1980年代に入ると、マラソンや駅伝の中継回数が増加したが、これも数字が稼げるソフトに目を付けた新聞社やテレビ局、広告代理店が大会を乱立したからであり、当然ながら大会に出場させる有力選手の奪い合いも生じた。

　また、メディア、主にテレビ局が数字を優先させた結果、例えば、オリンピックや世界選手権のような世界的な規模で開催されるビッグイベントの放送権料が異常なまでに高騰した。近年、国民の間で高い関心事となっているサッカーのワールドカップの放送権料に関してはいまもなお大会ごとに値上がり続けているが、私がチーフ・プロデューサーを務めた世界陸上東京大会の時もフジテレビと争ったことがあった。もちろん獲得に費やした金額に見合うだけの価値は十二分にあったと感じているが、結果としてそうした事態を招く行為を自ら助長したという点で反省すべき思いもある。

　こうした視聴率至上主義のテレビ業界で、番組作りにおいてより視聴率が稼

第3章　メディアとスポーツリテラシー

げる時間帯や対戦カードを考慮して大会が開催されるケースがあることは、すでに多くの人が知るところだが、他にも、テレビの放送時間枠という縛りがスポーツそのものに影響を及ぼした事例も数多い。

　例えば、バレーボールやバドミントンは、サーブ権が移動するアドバンテージ制は時間が掛かるという理由から廃止され、すべてのプレーに得点が加算されるラリーポイント制を導入した。バスケットボールはさらにテレビで放送しやすいように、あらかじめ CM の挿入を目論めるクォーター制で実施している。日本の国技とされる大相撲でも古くから立会い時の時間制限が設けられているし、同じく国民的なスポーツとされるプロ野球でも投手の投球制限時間が定められている。最近では陸上の短距離走でもフライングに対するペナルティとして二度目は誰であれ犯した本人が即失格という厳しいルール変更となった。もちろんすべてに悪影響があったわけではないと思うが、テレビが競技のスタイルを変えたということに異論はないだろう。

　そんな中、あくまで視聴者の満足度を優先すべきという放送責任という観点から、作り手側の見解が分かれたケースもある。

　例えば、プロ野球中継時にメインのカメラ映像がそれまでのメインスタンド側からセンター側からに変わったのは、私がディレクターを務めていた 1978 年のことだった。これはメインスタンド側からだとどうしてもネット越しの映像となり、視覚的に邪魔となることから、センターカメラに移行し今はこのスタイルで定着している。アメリカでは以前からセンターカメラが採用されていたが、日本プロ野球コミッショナーは捕手のサインが盗まれると反対をしていたし、テレビ担当者の中にも、球場でもっとも高価で人気の高い席はネット裏であることを理由に、視聴者にもこの方向から見せることがベストだという考えから、センターからの映像がメインカメラになることに反対している人がいた。また、ネット裏からだと投手が投げ、打った打球を同じ方向から見せることができるが、センターからでは打ったあと、打球を素早くネット裏の映像に切り替えないといけない。つまり投げて打つ方向と、打球の方向が画面上では正反対となることに抵抗感を持っていたのだ。これらはいずれも視聴者のためを思ってのことだったが、その表現方法という部分で考え方や価値観に違いが出たケースだった。

　倫理観という点で意見が分かれた事例もある。

8　メディアは日本のスポーツを良くしてきたのか

　箱根駅伝に関して、過酷な環境下で走る選手がペース配分のミスや故障、体調不良などで一気に順位を落とすブレークシーンをどれくらいの時間映し続けるべきかについてである。これは視聴者の間でも賛否両論で、学生スポーツであることを考慮すると残酷ではないかという指摘があれば、一種の醍醐味の部分であることを考えると最後まで学生の頑張りを見届けたいという感想もあった。選手の立場からすれば、できれば映してほしくないと思うのは当然だろうし、他局の関係者からも相応しくないとの指摘を受けたことがある。だが、私自身は視聴者が純粋に見たいというシーンを"ありのまま"映し続けることに抵抗はなく、むしろそういった場面を残酷だからという理由で映さないのはテレビマンとしては失格ではないかと感じていた。

　視聴者とスポンサーとの関係でも難しいテーマがあった。

　自ら経験したことで言うと、例えば、ヨーロッパで行われた世界陸上を日本時間の深夜にライブ放送することと、サッカー中継時に試合中のCM挿入をカットすることは、スポンサーの広告収入に大きく依存する民間放送においては、いずれも実現するのは決して簡単ではなかった。前者は、スポーツは生中継に勝るものはないと思っていても、やはり深夜の時間帯ではたいした視聴率は見込めず、スポンサーに配慮すれば、録画であってもゴールデンタイムで放送したほうが良いのではないかという意見も1980年代くらいまでは根強かったからだ。後者については、当初から無いほうが良いことは明らかだったが、仮にそれが実現すれば、ハーフタイム中にCMが集中し、そのことで大半の視聴者はチャンネルを変えるか、テレビの前から離れるかもしれない。その可能性を考えれば、大金を払うスポンサーに対してお願いしにくい要望だった。最終的には、いずれもスポンサーへの放送責任というよりは、視聴者への放送責任という部分を優先したが、近年我が国でもスポーツ文化が徐々に浸透するにつれてスポンサーもその重要性に気づき、多くの企業もそうした考えに理解を示している。

　逆に、いまの時代だからこそ問われるであろう課題もある。

　例えば、画面のスーパーやコンピュータ・グラフィックス（CG）などは私のテレビマン時代に徐々に開発され、進歩してきたものだった。巨人戦を抱えていた日本テレビのプロ野球中継では、1979年に投手の球速を一球ごとに画面に表示するスピードガンが登場した。当然他局でも同様の技術が披露され、

TBSは、ボールの軌道を連続した点にしてわかりやすく見せるストロボアクション（1978年）を、テレビ朝日は、当時解説者だった野村克也が投手の投げるボールのコースや球種を予測し、画面に表示した「野村スコープ」（1984年）を始めた。フジテレビは、対戦する投手と打者のプロ入り後の通算対戦成績をデータ表示（1985年）し、視聴者に新たな野球の見方を提示した。

今日におけるこの分野の発展は目覚ましく、例えば、水泳の国際大会では、レーンごとに出場選手の出身国の国旗をオーバーラップさせたり、目安として世界最高記録のペースを伝えるバー（世界最高ライン）を表示している。また、スキーの国際大会でも、滑降中に理想的な滑りの位置取りをブルーラインで示すなど、視聴者にわかりやすく伝える工夫が随所になされているし、あらゆるスポーツで過去の様々な記録や対戦成績をスーパー化するのは、もはや常識となっている。

こうした技術は、競技の特性を阻害することなく、視聴者によりわかりやすく、より興味深く示せるものについては歓迎すべきであり、私の時代でも使用できるものについてはできるだけ用いてきたという部分では、比較的柔軟な姿勢で取り組んでいた。ただし、それはあくまで作り手側が心のどこかで視聴者のためにという部分での線引きをしておくことが大切であり、作り手側の都合やエゴで技術を乱用しないことが大前提だろう。

ただ、近年のスポーツ中継においては、作り手側の恣意的な思いや押し付けが若干見え隠れすることもある。特に、無駄なスーパーの表示やリプレーの多用、スーパースローの挿入のタイミングにおいては、こうした映像が画面を塞いでいたり、画面に流れている間、その瞬間のシーンは視聴者にとっては「無」の状態でしかないことを再認識し、高い技術力を誇るいまだからこそ、視聴者の立場となった番組作りがより一層求められているのではないだろうか。

3　テレビマンとしての使命

テレビマン時代、番組作りにおいて常に私の頭から離れなかったことがある。それは私がテレビの世界を志した動機と密接に結びついている。

大学2年の時、私の大学に当時サッカーの日本代表チームに初の外国人コーチとして招聘されたデッドマール・クラマーが講演にやって来た。この時クラ

マーは当時の日本がまだスポーツ後進国であることを指摘すると同時に、今後のメディアがその発展に寄与できる可能性とその役割の重要性を力説した。当初教員を目指していた私が就職先にテレビ局を選んだのは、このときのクラマーの言葉がきっかけだった。それだけに、日本テレビでスポーツに携わっていた時には常に競技団体の発展に貢献する気持ちや、選手たちにエールを送るような姿勢で番組制作に臨んでいたし、そのことにある種の使命感を抱いていた。

　それがある程度実現できたと感じる仕事のひとつが、全国高校サッカー選手権（以下、高校選手権）のテレビ事業である。

　私がこの事業に着手し始めた 1960 年代終わりから 1970 年代にかけての我が国のサッカーを取り巻く環境はいまとは比較にならないほど脆弱で、国内トーナメントはもちろん、代表チームの試合でも世間の関心は低かった。高校生の大会となればなおさらで、当時関西で開催されていた高校選手権もほとんど注目されなかった。私もその頃の大会に出場したものの、憧れの舞台というのはほど遠かった思い出がある。

　そうした経験からこの大会をなんとか盛り上げて、全国の高校生たちがそれを目標に頑張れるものにしたいと思った私は、紆余曲折の末になんとか大会のテレビ事業化の許可を得ると、広告代理店の電通と協力しながら、様々な試みを行った。

　余談だが、日本テレビは毎年全日本少年サッカー大会（準決勝と決勝）を放送しているが、これは高校選手権の放送許可をもらう際に、当時日本蹴球協会の野津謙会長から「ついでにお願いできないか」と頼まれ、私が会社側を「少年の大会を放送するなら、高校選手権の放送を許可するそうです」と欺き、認めさせたものだった。

　高校選手権をいかに発展させるか。そのためには、まずサッカーの面白さを伝え、競技場に来てもらわなければいけないと考えた。そこで取り組んだのが、サッカーを伝える側のテレビマンの育成だった。一方、視聴者には大会の存在を少しでも知ってもらうべく、専門誌にテレビ観戦用の別冊を懇願したり、テーマ曲やキャッチフレーズを作って印象づけるように努めた。観客の動員については、地元の商店街の抽選券にサッカーの入場チケットを付けて関心を引いたり、出場校やその関係先に出向いてスタンド応援を頼み込んだ。試合中は観客席にハンディカメラを持ち込み、ハーフタイムなどに応援団にマイクを向け

第3章　メディアとスポーツリテラシー

たが、これはそれに報いてくれた感謝の思いからで、いまでは一種の名物となっている甲子園の高校野球中継よりもずっと前に実現させている。

　大会を関西から首都圏に移行させることはまさに苦渋の決断だった。実は中継を始めた最初の2年間は従来通り西宮での開催だった。その後大阪に移したが、関西ではどうしても甲子園の高校野球人気にはかなわなかった。動員の限界を感じた私は、大きな改革の必要性に迫られた。もちろん関係者からの批判も耳に届いていたし、なにより半世紀以上も関西で続いていた大会の形を変えることについては多くの葛藤があった。なぜなら、競技の普及や発展に寄与したいという思いで取り組むことが、逆に関係者の心証を害し、それまでの伝統を崩すことになれば本末転倒だという思いもあったからだ。実際にテレビの力が強引に伝統を歪めたと取られても仕方なかった。その時は、絶対成功させなければいけないと、私は勿論のこと、全国の民放スタッフが必死に取り組んだ。首都圏に移行して以降の大会の発展ぶり見るにつけ、あの時の決断は決して間違ってなかったと感じているし、Jリーグ誕生を機に沸き起こったサッカーブームの下地を作る役割を果たせたのではないだろうか。

　私自身が強い使命感を抱き、その達成感を味わうことができたもうひとつの仕事が、箱根駅伝の完全中継化である。

　目指したきっかけは高校選手権と同様、私自身の強い思い入れからだった。

　忘れられない光景がある。それは、入社年度に取材した箱根駅伝で目撃したある選手のブレーキシーンだった。フラフラになりながら、順位をひとつ、またひとつと下げていく中、伴走車内の監督は身を乗り出しながら選手目掛けて「ビリでも良いから走り続けろ」と大声で叫んでいた。選手はもちろんだが、チームメイトに襷を繋がせるために走らせている監督も断腸の思いだろうと感じた時、こんなに過酷、かつ、美しい競技があるのかと大袈裟ではなく魂が震えるようだった。ぜひともこの感動を視聴者に届けたいという願いが完全テレビ中継化を可能にした原点だった。

　そこからは、ただただ技術力との戦いだった。その中でも大変だったのが、箱根駅伝の名物である山岳エリアの克服だった。当時平地で行われるロードレースでは、随所に中継車からの電波を繋ぐ中継所を設けるか、ヘリを飛ばして中継車からアップリンクして行っていた。ところが、箱根駅伝に限って言えば、真冬の箱根の天候でヘリを飛ばすにはリスクが大きすぎた。しかも、仮にヘリ

134

を飛ばせても曲がりくねった山道を走る中継車からヘリに安定的に電波を送り続けることができるのか。そもそもヘリが飛ばない時に地上で電波を繋げるだけのバックアップ体制が採れるのか。それぞれに技術面での課題が山積していた。

　そのために箱根の山中を歩き回り、電波の透過性の高い地点を見つけて中継所を作る作業に追われながら、一方では、中継車の上に設置された回転イスに座ったスタッフが絶えずマイクロを受信点に向けて電波を送信し続けることを強いられた。ヘリが飛べばそれを目掛ければ良いが、もし飛べなければ、山々に囲まれて見えない目標（中継所）に向かって正確にアンテナを向けなければならなかったのだ。担当したスタッフが「人間羅針盤」と呼ばれた所以である。

　それでも、どうしても電波が途切れる個所が生じていた。そこで、大会の歴史を紹介する単発のミニドキュメントをあらかじめいくつか制作し、それをその間の穴埋めに用いた。山道でコーナーを曲がってくる選手を待つ風景だけの映像が視聴者の鑑賞に耐え得ることができたのは、こうした「間」の埋め方を考え付いたからだった。当初の願い通り、全10区間の完全中継化が実現したのは、放送開始から3年目のことだった。

　あえて対比的な見方をすると、歴史を変える選択をした高校サッカー選手権とは対照的に、箱根駅伝はそれまでの伝統を維持し続ける選択をした。当時まだマイナーの一競技だったサッカーとは違い、マラソンや駅伝は我が国では根強い人気だっただけに中継化できれば高い視聴率が稼げるソフトだとわかっていたし、なにより大会それ自体が圧倒的な存在感を放っていたからだ。局内からは中継化にあたって関東のローカルレースを全国大会に拡大してはどうかとの意見もあったが、一切聞き入れなかったし、いまだに中継中に有名タレントが登場したり、豪華な演出が施されないのも、"本来の姿"を頑なに守ろうとするイズムが連綿と受け継がれているからだ。

4　ソフトのブランド化を目指して

　いま紹介した2つのイベント、高校選手権と箱根駅伝はいまでも毎年高視聴率を誇る優良ソフトに位置づけられている。その要因としては、いずれもソフトのブランド化に成功したからだと感じているが、そのためのアプローチが正

第3章　メディアとスポーツリテラシー

反対だったことは、いま振り返れば興味深い事実である。
　例えば、箱根駅伝を象徴する企画に「今昔物語」がある。これは、当初は山岳地帯で電波が途切れた時に挿入するミニドキュメントとして制作したものだが、映像の素材集めに過去の走者や大会にまつわる関係者を訪ね歩いた結果、偶然にも大会の崇高な精神性や歴史の奥深さを知った。伝統を崩してはいけないと強く感じたのはこうした背景もあったからだが、大会の精神を大切に守るためには、古いものの価値を新たに伝えていくことも大事な作業となる。箱根駅伝中継では、それを毎年根気よく伝え続けてきたことで、視聴者を大会のファンに育て、かつ、成熟させてきたからこそのブランド化の成功だったと言えるだろう。
　一方、高校選手権では、首都圏開催を実現させることで、サッカーの聖地である国立競技場の舞台に立ちたいという新たな夢や憧れを提供できただけでもソフトのブランド化に成功したと言えるが、近年、「最後のロッカールーム」という企画が誕生し、さらなるブランド化に成功したという手応えを掴んでいる。これは、普段は見ることのできない敗者の試合直後の控室にカメラを入れて指導者や選手の模様を映したもので、放送後の反響は予想以上だったという。いまでは勝者、敗者を問わず「こんな言葉を掛けてやろう」とか「あんな風に高校最後を締めくくりたい」など、指導者や選手の指針や励みとなったり、また視聴者には新たな見方や感動を送り届けることができている。クラブチームの台頭が目立つ近年のユース年代にあって、この映像の中にこそ学校教育の中で育まれた高校サッカーの存在意義があるように思えてならないと感じるのは私だけだろうか。
　いま取り上げた「今昔物語」や「最後のロッカールーム」は、スポーツ中継の"アウトサイド"に位置するものであり、これらの事実はあえて伝えない限り、誰にも受け継がれることなく、また、誰にも知られることなく消え去っていくものである。テレビがデジタル化、多チャンネル化を迎えているいま、全世界で行われているスポーツのビッグイベントはたいていリアルタイムで観ることができるし、スポーツ中継自体もある面で行き着くところまで行き着いた感がある。そんな時代だからこそスポーツを伝える者が、たとえ"アウトサイド"であっても、その競技やイベントの持つ本質的な部分をあぶり出せるような企画や映像をクリエイトできる感性や視点をどれだけ持てるか。つまり、い

かなる付加価値を加えて、いかにブランド化できるかが大切になってくるだろうし、仮にそうなれば競技団体、テレビ局、広告代理店、視聴者のすべてが満足感を得ることができるだろう。

　そして、それが視聴率主義の現代において、どうすればメディアとスポーツがより良い関係を築けるかについての答えのひとつだと感じている。

9

スポーツファンに観戦能力は必要か？

松岡宏高（早稲田大学）

1　本稿の主旨

　試合会場であっても、テレビであっても、スポーツを観戦するという行為が、広く普及してきた。観戦対象となる競技の幅が広がり、見る層も多様に拡大した。スポーツ観戦は、その競技を熟知した特定のファンだけの楽しみではなく、「にわかファン」と言われるような競技に関する知識を十分に持ち合わせていない多くのファンにも楽しまれている。このような現状において、「にわかファン」を批判する声、そしてスポーツ観戦の文化的価値の向上を目指した観戦能力の必要性を訴える声が、一般社会および学術界から漏れ聞こえる。本稿では、このような声に対して、あえて否定的な見解を持って、スポーツファンや観戦者にとっての観戦能力の必要性について検討を試みたい。果たして、競技に関する知識を持ち合わせずしてスポーツを観戦することは、不適切な行為なのであろうか。

2　観戦能力不足が問題視されている背景

（1）にわかファンの急増、そして批判

　2014年に開催されたFIFAワールドカップにおいて、私たち日本人にとっての大きな問題は、時差であった。日本代表選手もコンディショニングに苦しんだかもしれないが、ブラジルで行われる試合は、日本時間の明け方から午前の

9　スポーツファンに観戦能力は必要か？

早めの時間帯にライブ中継されたため、見る私たちも寝不足になったり、放映時間が仕事時間と重なるために見ることができなかったりという状況に苦しめられた。それでも多くの日本人が、自宅でのテレビ視聴、大型スクリーンでのパブリックビューイング、そしてスポーツバーなどでの仲間たちとの観戦など、それぞれのワールドカップを楽しんだ。各局のニュースでもスポーツバーでの観戦の様子やその後に街中で大騒ぎする人たちが取り上げられていたが、とにかくこれほど多くの人々、そして各種メディアが注目するような状況を、日本代表が初めてワールドカップに出場した1998年（フランス大会）以前に、またJリーグが開幕する1993年以前に、想像することは全くできなかったであろう。4年に一度しかないイベントではあるが、サッカーのワールドカップを見るということは、多くの日本人にとっての楽しみとして定着したと断言してよいだろう。何よりも重要なことは、サッカーという競技そのものが好きな特定のファンだけではなく、サッカーの競技経験がないファン、サッカーに関する知識が乏しいファンも含めて、多様なファン層に支持されているということである。

ところが、このような広がった層に対する批判も噴出している。Jリーグがスタートし、代表チームが強化され、国際試合での成績が向上し始めた頃に、その成長に追いつけていなかったファンについて批判が起こっていた日本のサッカー界は、現在のような幅広い層に支持されることを求めてきたのではないのかと思われる。しかし、そうなった今は、サッカーという競技に精通していない、所謂「にわかファン」あるいは「ライト層」と呼ばれる人々に対して、その言動だけでなく、存在までも否定するような「コアファン」あるいは「ヘビー層」と呼ばれるファンも少なくないようである。

「朝早起きして、W杯日本戦を楽しみにして、応援をしただけで…こんな時だけ応援しやがってにわかファンが！と言われるw…応援は応援だよね？　にわかもベテランもない！」

これはある芸能人が2014年FIFAワールドカップ期間中にTwitterで発進したメッセージである。彼は、「日本代表戦だけを応援すると、にわかファンだ！とバカにする風潮がある」ことに反して訴えたようである（朝日新聞デジタル, 2014年6月20日）。確かに、日本代表戦の後に渋谷の交差点で暴れる人たちが多く出現し、社会的問題になったため、彼ら、彼女らに対する批判は少なく

第3章　メディアとスポーツリテラシー

なかった。この秩序を乱す行動には、上記の Twitter での発言者も理解を示していない。ただ、渋谷の暴動者の問題は別の問題で、にわかファンの存在を否定するような発言に、疑問が投げかけられている。

（2）にわかファン・ライトファンの存在と諸問題

　笹川スポーツ財団のスポーツライフ・データ 2012 によると、過去 1 年間にテレビで観戦した種目の第 2 位に「サッカー日本代表試合（五輪代表含む）」が入っており、調査対象者の 56.7％が視聴していた。この割合は、男性で 59.7％、女性で 53.8％であった。年間の代表戦の数を考慮すると、かなり高い割合であることがわかる。一方で、国内プロリーグの「J リーグ（J1、J2）」のテレビ観戦は、全体で 30.0％、男性で 37.4％、女性では 22.8％になっている（笹川スポーツ財団，2012）。試合数の違いも考慮すると、日本代表戦と国内リーグ戦に対する人々の興味、関心には大差がある。J リーグを見ずに、海外プロサッカーと日本代表戦だけを見る者も存在するだろうが、日本代表戦をテレビで観戦する大半の者が、普段はサッカーをテレビで見ることがない「にわかファン」や「ライトファン」であり、今ある日本のサッカー人気は、彼ら、彼女らに支えられているという現象を理解することは容易である。

　実際のスタジアムでの J リーグ観戦においても、前年度は観戦していないという観戦者が、毎試合において 10％程度存在している傾向が確認されている（J リーグ，2013）。これは、年間の観戦延人数ではなく、観戦実人数で推計した場合、かなりの割合を占めることになる。筆者の手元にあるデータではあるが、女子サッカーのなでしこリーグの試合観戦者調査において、前年度は観戦していないという観戦者が、調査対象 10 試合の平均で、16％も存在している（なでしこリーグ改革タスクフォース，2013）。また、バレーボールの V リーグの観戦者調査でも、男子の試合において 31.7％（調査対象の計 9 試合の平均データ）、女子の試合において 37.2％（調査対象の計 9 試合の平均データ）が、昨シーズンは試合を観戦していないという初観戦者層やライト観戦者層に位置づけられる観戦者であった（V リーグ，2014a；V リーグ，2014b）。男子のサッカー日本代表戦を見るファンの中だけでなく、他のスポーツ種目の観戦者にも「にわか」や「ライト」と呼ばれるファン層は、比較的多く含まれている。

　2013 年から「セレ女」、2014 年には「カープ女子」という言葉を聞くように

なったが、それぞれJリーグのセレッソ大阪の特定の人気選手を応援する女性ファンと、プロ野球の広島東洋カープの人気選手を応援する女性ファンのことである。また、男子フィギュアスケート人気を支える女性ファンの存在も注目を集めている。そのようなファンのすべてにおいて、各競技の技術や戦術、そしてルールに明るくないという見方が相当するわけではないが、そういうファンは少なくないであろう。そして、特定の選手目当ての女性ファンのマナーの悪さが問題視されているのも事実である。

2014年3月にさいたまスーパーアリーナで開催されたフィギュアスケート世界選手権の男子ショートプログラムにおいて、羽生結弦選手の演技直前の緊迫した静寂なタイミングで、「ゆづ、愛してるー！」との女性の声が発せられた。このハプニングとは関係ないであろうが、羽生選手は冒頭の4回転トゥループで転倒した。この発声に対する批判が多くあったのは当然であり、観戦者としてのマナーに反する行動であることは否定できない。ただし、一方でこのような特定の選手を熱狂的に応援するファンの存在もあって、1万8,000席ものチケットが完売したのも事実である。上記、「セレ女」ブームに沸き、彼女たちへの細かな配慮を含めたファン対応を行ったセレッソ大阪も、2013年度の平均観客動員数が前年度比約11％増加した。

このような見る対象となっているプロスポーツやスポーツイベントを取り巻く複雑な状況を鑑みると、「にわかファン」や「ライトファン」と呼ばれる観戦者の存在、およびマネジメント側（プロスポーツクラブ・球団や競技団体）の対応に関して、賛否両論あることは当然のことと考える（清，2013）。その競技に関する知識が十分になく、前述のような問題を引き起こす可能性もある。あるいは競技に精通していないために、理解できないルールや戦術があるために、観戦行動やファンであることが長続きしないこともある。ただし、プロスポーツ球団・クラブや競技団体にとっては、彼ら、彼女らによる支えが大きいことも事実である。

（3）学術界からの問題提起

一方、一部のスポーツ経営の研究者の間では、人々の観戦能力・享受能力に関する検討が行われている（例：齋藤，2009）。そして、スポーツ観戦の文化的価値を高めるために、その能力の向上が不可欠であるとも考えられている。

第 3 章　メディアとスポーツリテラシー

　日本体育・スポーツ経営学会は、研究集会の中で、「みるスポーツからみたスポーツ経営研究の課題」というテーマで討議を行い、それを基にした研究プロジェクトの展開を 2014 年から開始した。その主旨と議論の概要は次のようである。
「『どうすれば国内でみるスポーツの文化が深まるのか』という疑問が投げかけられ、この疑問から、みるスポーツの観戦能力・享受能力を向上させるための研究の必要性が浮かび上がってきた。すなわち、これまでにするスポーツの振興の方策について研究が進められてきたように、今後はみるスポーツにおいても観戦能力や享受能力を高めるための方策について、検討していかなければならないことが提案されたのである。具体的には、みるスポーツの享受能力を高める教育のしかたや報道のしかた、会場でのみせかたなどについて、理論的研究と実証的研究の両面から、さらに実証的研究においては量的研究と質的研究、実験器具や装置を用いた研究など様々な方面からのアプローチが必要であるとの意見が交わされた（佐野，2014，p.6）。」
　つまり、近年盛んなスポーツマーケティング研究、およびプロスポーツビジネスの現場などにおいては、スポーツ観戦をエンターテインメントとして捉え、その観戦者を消費者として捉えている。しかし、そのような捉え方では、スポーツ観戦は文化として位置づけられることはなく、観戦者も観戦能力・享受能力を持たないままで、スポーツ観戦を通して人間的に発達することはないと考えられている。そして、観戦対象となる競技のルールや技術・戦術に関する知識、出場選手に関する情報、科学的データなどを提供することにより観戦者の享受能力を高めることが必要であり、そのようなマネジメント側の工夫が文化としてのスポーツの有効価値を高めることができるという見解も示されている（齋藤，2009）。
　確かに競技に対する理解が深まれば、観戦から獲得する便益が多様になることはわかる。しかし、このような論議においては、次のような 2 つの疑問が浮かび上がる。1 つは、観戦能力や享受能力が乏しいと、スポーツ観戦を通して人間的に発達することはできないのであろうか。生活が豊かになるような経験がスポーツ観戦を通してできないのであろうか。その競技の技術や戦術、出場選手の過去の成績などに精通していなかったとしても、観戦を通しての新たな発見からの学びがあったり、感動するような経験から自身の価値観や考え方が

（たとえ一時的であったとしても）変わったりするようなことがあるのではないか。

 2つめは、そもそもスポーツ観戦とは、あらゆる人々にとって有効価値の高い文化活動として位置づけられ、その観戦行動を通して人々を人間的に成長、発達させる必要があるものなのだろうか。本来、生活必需時間に含まれる活動ではなく、余暇時間に行う活動であるスポーツ観戦において、それが気晴らしや息抜きに使われることは、望ましいことではないのであろうか。

3　観戦動機から探る観戦能力の必要性

（1）用語の定義：ファンと観戦者

　ここでは、上記の2つの疑問も含めて、本稿の命題である「スポーツファンに観戦能力は必要か？」という疑問について、資料を用いて検討を進めたい。ただ、提起した問題の解を探る前に、用語の確認をしておきたい。それは、「Fan（ファン）」と「Spectator（観戦者）」である。この2つの言葉は、混同して使われたり、同義として使われたりしているように思われる。
「Fan（ファン）」とは、熱狂的や狂信的を意味する"fanatic"の短縮形であり、特定のスポーツ、チーム、選手などに傾倒する人々を指す。したがって、スポーツファンにとっての重要な要素は、特定の対象に対する強い情動およびそれを表現する行動である（Wann & Branscombe, 1990; Trail, Fink, & Anderson, 2003）。一方で、「Spectator（スペクテイター：観戦者）」には強い心理や執着した行動は見られず、観戦してもチームのことや選手のこともすぐに忘れてしまう。しかし、この違いから、スペクテイターが特定のチームなどに傾倒した結果、ファンになったと考え、観戦者の中心にファンが位置づけられると理解することは誤りである。スペクテイターは、「見物人、観客」であるため、試合会場に存在する人々であるが、ファンの中には、試合会場に足を運ばない人々も存在する。実際に、著者はアメリカにある母校のアメリカンフットボールの大ファンであるが、日本に住んでいるために、試合会場に足を運ぶことができない。試合結果をインターネットで確認して、一喜一憂している。
　一方で、試合会場に足を運んでいるが、特別な思い入れはなく、単にスポー

第3章　メディアとスポーツリテラシー

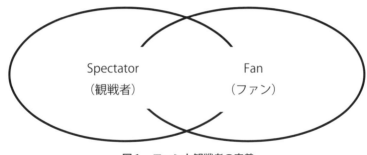

図1　ファンと観戦者の定義

ツ観戦をしている観客もいるであろう。したがって、図1のような位置づけで両者を理解するのが適切であると考える。当然ながら、ファンであり、観戦者でもあるという者も多く存在する。なお、本稿ではこの定義を踏まえて、両方の用語を用いている。

（2）各種スポーツの観戦動機における知識・技術要因の重要性

さて、人々はスポーツを観戦するという行動をとるうえで、そのスポーツの優れた技術を見ることをどの程度楽しみにしており、そのスポーツの技術や戦術を学んだり、知識を深めたりすることをどの程度重要視しているのであろうか。スポーツ観戦における観戦能力の必要性についての直接的な解明にはならないが、実際の観戦者がこれらについてどのように考えているのかについて、過去のデータを用いて再確認したい。

まず表1は、3つの異なる研究において、複数のスポーツイベントの観戦動機要因が測定された結果を用いて、その測定された得点が高い、つまり重要性が高い順に、それぞれ動機要因を並べて一覧にしたものである。なお、データ収集方法および測定尺度の詳細については、それぞれの研究に記載があるため、ここでは省略したい。

この一覧表を見ると、種目によって異なることがよくわかり、特に表の左寄りに記載されている野球とサッカーの試合会場での観戦、およびスポーツバーでのサッカー観戦の動機要因が比較的似ており、これらが他の4種目とは大きく異なる。野球とサッカーでは、エンターテインメント、つまり娯楽として楽しむことが主要な動機要因になっている。これに対して、技術要因（技能レベ

9 スポーツファンに観戦能力は必要か？

表1　各種スポーツの観戦動機要因の比較（高得点順位）

観戦対象 順位	野球 (n=690)	サッカー (n=407)	サッカー： スポーツバー (n=82)	フットサル (n=220)	バスケット ボール (n=315)	テニス (n=271)	ビーチ バレー (n=93)
1	エンタ	エンタ	エンタ	美的	美的	技術	美的
2	美的	美的	達成	技術	技術	美的	技術
3	家族	ドラマ	所属	エンタ	エンタ	知識	ドラマ
4	技術	逃避	美的	知識	ドラマ	ドラマ	エンタ
5	逃避	達成	ドラマ	ドラマ	達成	エンタ	達成
6	ドラマ	技術	社交	達成	社交	達成	所属
7	社交	社交	逃避	社交	逃避	社交	逃避
8	達成	所属	技術	逃避	所属	所属	知識
9	知識	知識	知識	所属	知識	逃避	社交
10	所属	家族	家族	家族	家族	家族	家族

エンタ（エンターテインメント）：エンターテインメント（娯楽）として単純に楽しむ。
逃避：日常生活から逃避し、さまざまなことを一時的に忘れる。
社交：スポーツ観戦を通して、友人・知人や恋人と楽しく過ごすことができる。
家族：スポーツ観戦を通して、家族で楽しく過ごすことができる。
所属：自分がチーム（またはクラブ）の一員であるかのように感じる。
達成：チーム（選手）の勝利や成功と自分を結びつけて、達成感を得る。
ドラマ：予測できないドラマチックな試合展開を見ることによって、興奮や緊張感を楽しむ。
美的：スポーツ（観戦対象の種目名称）のプレーが持つ美しさ、華麗さ、素晴らしさを見る。
知識：スポーツ（観戦対象の種目名称）の技術・戦術を学んだり、知識を深めたりする。
技術：技能レベルの高いプレーを見て楽しむ。
※各動機要因は、複数の項目で測定されており、各調査研究によって異なる。
参考資料：松岡・藤本（2003）、松浦（2009）、川西（2009）

ルの高いプレーを見て楽しむこと）は中位に、知識要因（スポーツの技術・戦術を学んだり、知識を深めたりすること）は下位に位置づけられている。

　一方で、フットサル、バスケットボール、テニス、ビーチバレーにおいては、技術要因と美的要因（スポーツのプレイが持つ美しさ、華麗さ、素晴らしさを見ること）が上位を占め、知識要因もフットサルで4位、テニスで3位と、これらの種目では比較的高く位置づけられている。このような傾向の原因の一つは、調査対象となった観戦者の特性の違いであろう。後者に含まれる所謂マイナー競技と呼ばれる種目の観戦者の多くは、その競技に関わりが深い競技者の割合が比較的高い傾向がある。当然ながら、競技経験がない者と比べると彼ら、彼女らの視点が異なることは容易に想像がつく。さらに、これらの競技は興業としての十分な機能を備えていないため、エンターテインメント性が低く、他

第 3 章　メディアとスポーツリテラシー

のレジャー活動が提供するような社会的および心理的なベネフィット（エンターテインメント、逃避、家族など）の提供ができないのだと考えられる。

　このように考えると、日本の 2 大プロスポーツである野球とサッカーの観戦者の最も重要な動機要因がエンターテインメントであることは簡明である。野球やサッカーという競技そのものについて熟知していなくても、娯楽として楽しむことができ、家族や友人とともに楽しむことができ、日常生活から逃避してストレス解消ができるような機能を備えているのが、プロ野球と J リーグが催す事業である。その他の種目のイベントについても、エンターテインメント性を高めて興業として成立させることができれば、観客層が広がり、観客数も増加するであろう。スポーツ観戦事業の重要な収入源と強い関係がある集客において成功を収めない限り事業が成立しないことを考えると、競技そのものの技術や戦術に明るい特定のファンだけを重視し、観戦能力の低いファンを軽視することには、やはり疑問を感じざるを得ない。

（3）競技経験者と未経験者による知識・技術動機要因の比較

　前述の複数のスポーツ種目の観戦動機要因を確認した結果、「技術要因」については、いくつかの種目において比較的重要な要因として位置づけられていたが、「知識要因」については決して高く位置づけられているわけではなかった。ただし、すべての観戦者が同じような動機でスポーツを見ているわけではないことから、中には知識や技術を重視している観戦者もいるのではないかと考えられる。例えば、観戦する競技の実施経験を観戦者自身が持つ場合は、知識、技術がその競技の観戦における重要な動機要因になっているかもしれない。このような仮説をもとに、競技経験者と非経験者でこのような動機の位置づけが異なるか否かを検討した研究（Matsuoka, 2014）の結果を再検討してみたい。

　表 2 は、バスケットボールの競技経験と bj リーグ（プロバスケットボール）の試合観戦における動機要因の関係を検討した研究結果の一部を示したものである。バスケットボールの競技経験に関して、「定期的な実施経験あり」、「不定期だが経験あり」、および「経験が全くない」という 3 グループに調査対象者を分類し、それぞれのバスケットボールの試合観戦因を比較した結果である（Matsuoka, 2014）。各動機要因の定義は、前出の表 1 に示されたものと同様である。

表2　競技経験別に比較したバスケットボール観戦者の観戦動機要因

動機要因	平均値〈順位〉(標準偏差)			F値
	定期的経験 (n=221)	不定期経験 (n=80)	未経験者 (n=174)	
達成	4.77〈5〉 -1.5	4.87〈6〉 -1.52	4.88〈7〉 -1.38	0.36
美的	6.29〈2〉 -1.1	6.27〈1〉 -1	6.32〈1〉 -0.87	0.09
ドラマ	5.80〈3〉 -1.32	5.79〈3〉 -1.2	5.86〈3〉 -3.78	0.04
逃避	4.65〈6〉 -1.62	4.97〈5〉 -1.55	4.84〈8〉 -1.54	1.47
知識	5.76〈4〉 -1.25	5.13〈4〉 -1.31	4.96〈4〉 -1.37	19.54**
技術	6.39〈1〉 -1.2	6.04〈2〉 -1.25	6.16〈2〉 -1.17	3.04*
社交	4.63〈7〉 -1.77	4.78〈7〉 -1.58	4.93〈5〉 -1.53	1.55
所属	4.54〈8〉 -1.61	4.62〈8〉 -1.58	4.72〈8〉 -1.53	0.57
家族	4.02〈9〉 -1.86	4.42〈9〉 -1.72	4.91〈6〉 -1.55	12.47**

*p＜.05,**p＜.01

※各項目は「1：全くあてはまらない」から「7：大いにあてはまる」の7段階尺度で測定.

　まず、各群に共通して「技術要因」、「知識要因」に加えて、同じくスポーツ観戦の中核部分に関係する「美的要因」が、比較的上位の動機要因となっている。しかし、その平均値を各群で比較すると、「技術要因」と「知識要因」において、統計的な有意差が確認された。定期的な競技経験者は、不定期経験者および未経験者に比べて有意に高かった。スポーツ観戦を通して、「その競技の技術を学んだり、知識を深めたりすること」や「技能レベルの高いプレイを見て楽しむこと」は、その競技に精通した競技経験者には大いに重要であるが、その重要性は、その競技の経験がない観戦者にとっては、それほど重要ではないということである。ちなみに、競技未経験者の方が経験者に比べて有意に高かった要因は、「家族要因」であった。競技経験者にとっては重要ではない「観戦を通して家族で楽しい時間を過ごすこと」は、競技未経験者にとっては比較

第3章　メディアとスポーツリテラシー

的重要であった。スポーツ観戦の中核的要素である競技そのものとは関連が希薄であるが、これもスポーツ観戦の楽しみ方の一つであり、余暇活動としてのスポーツ観戦行動においては重要な要因であると言える。

（4）スポーツ観戦への期待と実際のギャップ

次に、また別のデータを用いて、スポーツを観戦する人が事前に期待していることと、試合観戦を通して実際に獲得したと感じたベネフィット（便益）がどのように同じで、どのように異なるのかについて、確認してみよう。ここで用いるデータは、bj リーグに属する秋田ノーザンハピネッツの試合会場に訪れた観戦者を対象に、質問紙調査を実施し、集計したものである。

2012-13 シーズン中のホームゲームにおいて、試合開始前の会場内で質問紙調査を行い、まずはどのようなベネフィットを求めて来場したのかについて確認し、これを観戦前に期待しているベネフィットとした。この観戦前の質問紙調査の回収時に、観戦後に回答を求める質問紙を返信用封筒とともに配布した。これは、観戦後、帰宅してからの記入を求めた質問紙で、実際の観戦から得られたと認識されるベネフィットの測定を試みた調査であった（Matsuoka et al., 2013）。

表3に示された各動機要因の中で、「パフォーマンス」を除く4要因は、すでに説明されている通りの定義である。「パフォーマンス」は、「スポーツが持つ優美さや卓越性に影響を受け、楽しみを得ること」と定義され、「ハイレベルなプレイを見ることができる」、「素晴らしいプレイや戦術を楽しむことができる」などの項目を用いて測定されるスポーツ観戦の中核的部分に相当する要因である。

表3　観戦前の期待便益と観戦後に認識された便益の比較

動機要因	観戦前の期待	観戦後の認識	t 値
社交	4.52	5.02	7.03**
達成	6.27	6.30	0.81
逃避	4.93	5.45	6.78**
パフォーマンス	6.09	6.28	4.11**
ドラマ	6.12	6.31	3.09**

$**p<.01$

この観戦前後の数値を比較すると、「達成」を除く4要因において、観戦前の期待に比べて観戦後の認識のほうが統計的に有意な高い値を示した。特に、観戦能力や享受能力が求められるだろう中核部分に相当する「パフォーマンス」に比べて、その能力がなくとも獲得が可能である「社交」および「逃避」というベネフィットが、観戦後の認識においてその期待を大きく上回っていた。つまり、試合会場に足を運ぶと、スポーツを観戦するのであるから、競技内容そのものから獲得できる楽しさがあったり（パフォーマンス）、試合展開から「ハラハラ、ドキドキ感」が得られたり（ドラマ）することは、多くの観戦者が事前に理解していることである。しかし、実際に観戦すると、その競技内容とは直接的な関係がない社会的、心理的なベネフィットが獲得できたことが認識されている。このように理解するとよいであろう。

　そして、「社交」と「逃避」というベネフィットは、スポーツ観戦ではなく、他のレジャー活動を通しても獲得できるベネフィットである。これらは、スポーツ観戦に固有の価値ではないため、重要な要因ではないとの意見もあるだろうが、これらがスポーツ観戦から獲得されているのは、紛れもない事実である。そして、「友人・知人や家族と交流しつつ有意義な時間を過ごすこと（社交）」や、「仕事や家事、そして日頃の悩みを忘れて、現実逃避してリフレッシュすること（逃避）」は、私たち人間の生活を豊かにするために必要不可欠な要因であることは、誰もが認めることであろう。そして、観戦能力や享受能力と言われるリテラシーが欠如していても、スポーツ観戦を通してこのようなベネフィットが得られることは、プロスポーツやスポーツイベントという事業が優れた機能を持っていることの証であると考えられる。

4　まとめ

　本稿では、観戦能力が不十分、あるいは欠如しているファンおよび観戦者に対する批判、そして観戦能力を養う必要性の提唱に、あえて否定的な立場から観戦能力の必要性について検討してきた。観戦動機要因を取り上げた研究成果を用いながら、スポーツ観戦という行為における競技そのものの重要性、特に競技に関する技術や知識に対する観戦者の考え方を再確認した。確かに、一部の種目、そして一部の観戦者にとって、それらの要素は重要であり、競技その

第 3 章　メディアとスポーツリテラシー

ものの要素を楽しむためには、観戦能力や享受能力が不可欠であることは読み取れた。また、その能力が高いほど、競技に対する理解が深化し、スポーツ観戦の価値は高まるであろう。しかし一方で、観戦能力や享受能力が不十分であっても、観戦を楽しむことができる方法があり、また、そのような楽しみを求めて試合会場に足を運ぶ人が少なくないことも再確認できた。たとえ観戦能力不足であっても、スポーツ観戦を通して、社会的および心理的に有意義はベネフィットが獲得できるのである。

　この点は、スポーツ観戦をサービス事業として人々に提供するプロスポーツ球団・クラブやスポーツイベント主催者にとって、集客および顧客満足、そしてその後の事業継続に多大な影響を与えると考えられる。そしてその関係者は、この点を十分に理解しているのではないだろうか。

　2014 年 10 月の新聞記事に、J2 に所属するファジアーノ岡山の木村正明代表が北米のプロスポーツを視察したことに関するものがあった。MLB（メジャーリーグ・ベースボール）の 3A の球団では、球場に射的、滑り台、スピードガンコーナーなどを準備し、試合中もそうしたアトラクションを運営して、観客を席に座らせることがないように試みているそうである（吉田，2014b）。競技そのものだけを準備して、試合会場を満員にすることは非常に難しい。そのためには、その競技レベルが極めて高いか、そのチームが何十年あるいは百年以上も地域の象徴的存在となっているために応援されるというような条件が整うことが必要であろう。

　このような試合そのもの以外の要素に関して、常に独創的な企画を展開するのが J リーグの川崎フロンターレである。2014 年 8 月には「カブトムシの森」と銘打って、競技場そばの藤棚をネットで囲い、木々を持ち込んでカブトムシを放ち、子供たちが自分で採取できる場を提供した。同じく夏休み期間中に、ヴィッセル神戸は子供向けにプールを設置した（清水，2014）。サンフレッチェ広島は、地元に所縁のあるフィギュアスケーターの町田樹選手とコラボした企画を施行し、サッカーという競技に関心がなかった異業界からの新規顧客層にサッカー観戦を楽しんでもらうことに成功した。プロ野球では東北楽天ゴールデンイーグルスなどが、試合会場のゲート前に様々なアトラクションを設置して、試合以外の周辺的要素に注力している。2014 年度に観客動員数を増加させたオリックス・バファローズも、その要因は好成績であったということだけ

ではなく、女性をターゲットにしたマーケティング努力や地域密着を目指す取り組みが実を結んだようである（鈴木, 2014）。

　このようなスポーツ観戦の中核部分から焦点を外し、周辺部分を重視する方策は邪道で、こんなことをやっているから日本でスポーツ観戦が文化として根づかないのだとの批判もあるかもしれない。ただ、競技そのものから外れた周辺的プロダクトを楽しみにしているファンや観戦者は、北米にも欧州にも多く存在し、サッカーの国であるブラジルにも存在するようである（吉田, 2014a）。筆者もアメリカで野球の試合を何度も見たが、試合そっちのけで遊んでいる子供たちを多く見かけた。ビールを飲みながら仲間との会話に夢中になって試合観戦を忘れている大人も少なくなかった。

　スポーツを観戦するという行為には多様な形態があってもよいのではないだろうか。そして多様なファンや観戦者が試合会場に足を運んでもよいのではないだろうか。会場に足を運んだきっかけが、競技そのものを見ることではなく、特定の選手を見ることであっても、ハーフタイムにショーを行うタレントを見ることであっても、スタンド裏に設置されている滑り台で遊ぶことであっても、友人とビールを飲むことであっても構わないであろう。そして、それが試合会場へ足を運ぶ主な理由の一つであり続けても構わないであろう。競技そのものに興味を持つ者は、自然とそうなり、必要に応じてルールや戦術を覚えるであろう。するスポーツのように、健康維持増進や心身の健全な育成に必要であれば、そのリテラシーを身につける必要はあると考えられる。しかし、現実に娯楽としても位置づけられているスポーツ観戦において、観戦能力向上の必要性が必ずしも受け入れられるとは考え難い。また、受動的に身に着けるようなことでもないであろう。それよりも、観戦能力がなくても楽しむことができるというストロングポイントを活かすほうが、スポーツ観戦をプロダクトとするビジネスの発展につながり、結果的にスポーツを見るという行為が多くの人々の生活に根づくのではないだろうか。

【文献】
朝日新聞デジタル（2014）ロンブー淳「代表にわかファン」批判に反論. 2014年6月20日.
Jリーグ（2013）Jリーグスタジアム観戦者調査2013サマリーレポート，公益財団法人日本プロサッカーリーグ．
川西佳織（2009）スポーツバーでの観戦動機に関する研究：特にスタジアム観戦との違

いについて．びわこ成蹊スポーツ大学2008年度卒業研究（指導教員：松岡宏高）．
Matsuoka, H. (2014) Consumer involvement in sport activities impacts their motivation for spectating. Asian Sport Management Review, 7, pp.99-115
松岡宏高・藤本淳也（2003）プロサッカーとプロ野球の観戦動機の比較分析．日本スポーツ産業学会第12回学会大会号，66-67.
Matsuoka ,H., Honma, T., Kokubun, A. (2013) Assessing perceived benefit and value of a sporting event. Proceedings of the 21th Conference of the European Association for Sport Management. Istanbul, Turkey.
松浦貴紀（2009）スポーツ観戦動機の種目別比較に関する研究．びわこ成蹊スポーツ大学2008年度卒業研究（指導教員：松岡宏高）．
なでしこリーグ改革タスクフォース（2013）なでしこリーグスタジアム観戦者調査2013サマリーレポート．http://nadeshikoleague.jp/img/pdf/nadeshikoleague_2013_report.pdf
齋藤隆志（2009）みるスポーツの価値を高めるマネジメント．体育・スポーツ経営学研究，23，1-9.
佐野昌行（2014）みるスポーツからみたスポーツ経営研究の課題②．日本体育・スポーツ経営学会会報64号，5-6.
笹川スポーツ財団（2012）スポーツライフ・データ2012：スポーツライフに関する調査報告書．
清義明（2013）サポーターはどこに向かうのか？：壮大な20年の叙事詩と未来形．サッカー批評，6（1），69-75.
清水寿之（2014）週刊Jリーグ：スタジアム遊び場にも．朝日新聞，2014年8月8日夕刊．
鈴木健輔（2014）オリ、ファンの心ギュッ．朝日新聞，2014年7月21日朝刊．
Trail, G.T., Fink, J.S., & Anderson, D.F. (2003) Sport spectator consumption behavior. Sport Marketing Quarterly, 12(1), 8-17.
Vリーグ（2014a）2013/14Vリーグ観戦者調査報告書（男子）．日本バレーボールリーグ機構，http://www.vleague.or.jp/vistors2013/
Vリーグ（2014b）2013/14Vリーグ観戦者調査報告書（女子）．日本バレーボールリーグ機構，http://www.vleague.or.jp/vistors2013/
Wann, D.L., & Branscombe, N.R. (1990) Die-hard and fair-weather fans: Effects of identification on BIRGing and CORFing tendencies. Journal of Sport and Social Issues, 14, 103-117.
吉田誠一（2014a）フットボールの熱源：すそ野広がるファン．朝日新聞，2014年7月23日朝刊．
吉田誠一（2014b）フットボールの熱源：試合だけじゃないかも．朝日新聞，2014年10月29日朝刊．

第4章

スポーツリテラシーの情報と言説

10

新しいスポーツ語りのために
―主体化するアスリートと労働者―

福田裕大（近畿大学）

1　スポーツ言説の外部

　スポーツについての語りがあふれている。家族や友人たち、あるいは職場の人々との会話のなか、スポーツのために様々な言葉が費やされる。新聞や雑誌、テレビやラジオなどのマスメディアが流通させる膨大な情報もまた、そんな語らいにさらなる刺激を提供する。かつてのようにプロ野球ばかりに、また男性競技ばかりに話題が集中することもなく、人々が興味を覚える競技の種類も随分と多様化している。トップ・プロ以外のカテゴリにあえて目を向けるような嗜好の在り方も認められるようになってすでに久しい。

　だが、このとおりの自由を謳歌しているかに見える私たちの日常的なスポーツ語りは、実のところ、非常に根の深い視野狭窄に陥ってしまっているのかもしれない。少し目線を変えて、次のようなケースを考えてみよう。

　あなたが7時のニュースをぼんやり眺めているとする。傷害事件、政治家のスキャンダル、景気の落ち込み、世界情勢の乱れなど、不安げな情報がたくさん届けられてくる。あなたの顔は自然と歪みはじめ、隣にいる人に愚痴を一つこぼしてみたくなったりもする。そんな時間が20分ほど過ぎて、あなたが少しうんざりし始めたころ、突然、嘘のように明るい音楽が流れてくる。キャスターたちが先ほどまでの深刻そうな表情を一変させ、にこやかな笑みを浮かべる。スポーツは、そのようなかたちで私たちの前にあらわれる。

　目下開催中の世界大会の様子。活躍した選手たちのインタビューと、その活躍ぶりに誇らしげな顔をしている他人たちの顔。国内のことについても、プロ

野球のダイジェストが流れない日はないし、人気がくすぶり始めたとはいえ、Jリーグの扱いもまだ変わらない。その他、たたみかけるような勢いで報じられる種々のトピックスに乗せられて、いつしかあなたはつい先ほどまで抱いていたはずの不安のことを忘れてゆく。身体を動かした後のような、あるいは何か自分自身が勝利の喜びを獲得したかのような、さわやかで幸せな気分を感じながら。

　冒頭に述べたとおり、私たちは日ごろ、スポーツにまつわることがらについて、自由に関心を持ち、また、それについて自由に語ることが許されている——かのように思える。だが他方で、この種の自由のうちに安穏と身をとどめるうちはけっして語り得ない、そんなことがらも間違いなく存在している。端的に述べてそれは、当の語りそのものの地位、または、スポーツを語るという行為が現代のこの日本社会のうえに占めている位置づけに他ならない。

　うえに挙げたたとえ話が一定の妥当性をもつのなら、どうやら、私たちの日常的な感性は、スポーツというものを社会から切り離された枠組みのなかで語ることに慣れきってしまっているらしい。さらにいうと、スポーツを孤立した事象として位置づけがちな私たちのスポーツ語りは、しばしば、自分自身と社会とのつながりを知らずと希薄にするような役割を果たしてしまっているのかもしれない。こうした事態の危険性をまずははっきりと自覚し、そこから、スポーツと社会双方に関わることがらを、それらがそもそももっているはずの関係のもとに再度位置づけるような語りが必要とされているように思われる。以下の文章では、そうした架橋作業のささやかな一例として、1990年代の日本に見られたアスリートたちの主体化という事象を取り上げ、それを当時のより広い社会的文脈のなかで捉えなおしてみたい。

2　新しいスポーツ観：Jリーグのインパクト

　かつてこの日本でスポーツをするということは、学校の部活動に籍を置き、とんでもなく厳しい指導者や先輩たちからの指導を受けることを意味していた。千本ノック、心臓破りの坂道ダッシュ、トレーニングの名を借りた苦行のような腕立て伏せや空気椅子、そしてうさぎ跳び。これらのものに堪えきれずに崩れ落ちるや、すぐさま怒声の雨あられが、場合によっては鉄拳が落ちてき

第4章　スポーツリテラシーの情報と言説

た。こんにちのトレーニング環境のもとで常に意識されている目的や方法論といったものが姿を見せる気配などほとんどない。むしろ、一昔前になされていた訓練の目的は、競技者個人のなかに生まれようとする創造的な問いかけを押しつぶすところにあったのではないかとさえ思いたくなる。

だがいつのころからか、そのようにして個を押し殺してきた日本のスポーツの在り方に、どこかしら風通しの良い雰囲気が漂うようになる。およそ1990年ごろを転機として、（プロやアマチュアといった区分を問わず）スポーツに関わるものたちが、かつてのように集団や規律といった枠に縛られることなしに、競技に取り組むひとりの個人として自由に振る舞いはじめる。スポーツマンたちの主体化の時代がやってくるのだ。

そうした変化の重要なきっかけとして、Ｊリーグの発足（1993）という出来事をまずは取り上げることにしたい。当時を知るものにとっては空疎なブームとしての印象のみが記憶されているかもしれないが、そもそもこの日本初のプロサッカーリーグは、日本の旧来的なスポーツ観を刷新せんとする明確な意志のもとに始動したものだった。

当時の日本サッカー協会副会長であった岡野俊一郎が著した短文は、この点に関して非常に明瞭である。いわく、「日本のスポーツ活動がつねに「学校」という制度を唯一の傘としてしか存在し得なかった」ということは、世界的にみてきわめて「特殊」であり、この在り方を世界標準のものへと変えていかなければならない。そこからひきだされたのが、従来の体育的なるものとは異なる「文化としてのスポーツ」を、学校やその延長としての企業ではなく、「地域のクラブを中心に普及させる」という理念であった（岡野，1993）。

こうした理念に基づくＪリーグの試みがすべて成功だったと述べるつもりはない。だがしかし、彼らの活動によってもたらされた新しい価値観が、日本のスポーツ史上の画期をなす開放へとつながるものであったことは強調しておくべきだろう。発足当時のどこか浮ついたＪリーグ受容の在り方も、こうした意味での開放感と無縁ではなかったはずだ。

3　「プロフェッショナル」像の刷新

Ｊリーグの発足によってサッカーについての語りが活性化するなか、「プロ

フェッショナル」という語に、従来とは異なる、新たな、より強い意味合いが与えられるようになったことも重要である。プロフェッショナルとは文字通りスポーツを生業とする者のことであるが、ただそれだけの意味であれば、もちろん日本にもずっと以前から「プロ」のアスリートは存在した。だがしかし、その代表格たるプロ野球の世界では、肩書きこそ「アマ」とは違えど、日々のトレーニングなどの基本的な在り方は学校スポーツ（＝体育会）的なものとさほど違ってはいなかった。実際、Ｊリーグ発足時になされた対談のなかで、王貞治は、当時のプロ野球界がいまだ「どなったりこづいたり」式の「伝統」や「精神論」に浸っているとの指摘をなしている（松平・川淵・王・石川, 1993）。

これに対し、かつての日本リーグからＪリーグへと制度的移行を果たし、名実ともに「プロ」の身分となったサッカー選手たちは、競技に取り組む際の感性にかすかな変化を見せようとしていた。同じ対談にみられる川淵三郎の言葉は、王の証言と対照をなすかたちで、その変化の在り方を告げている。「いままでは、誰のためにやっていたのだと言いたいくらいで、金をもらって自分はプロだと言いながらも、人に言われシブシブやっていたわけです。それがいまなにを言わなくても、とにかく一生懸命やる。一年経って寮から首になって出ていくのをみていると、もうまわりの同僚が悲愴な顔をしているらしい」（同）。

ひとことで言えば、競技に対する姿勢が「させられる」ものから「自らする」ものへと変化しようとしていたということだ。むろん、ここで言及されている選手の姿勢は、今日の目からみればまだまだ受動的で、明らかに頼りない。だがそれでも、この文言から垣間見られる小さな「主体性」は、当時の日本のアスリートたちにとって、まぎれもなく新種の感性のきざしだった。

4　プロの生存競争

Ｊリーグのもとで萌芽したこの新たなプロフェッショナルの理念は、その後さらなる深化をみる。とくにセルジオ越後やラモス瑠偉など、本場ブラジルでの競技経験を持つ関係者の言葉は非常に強い影響力をもたらすものだった。なにより重要なのは、プロであること、「その仕事〔＝サッカー〕で生きていく」ということが、つまるところグラウンド上の「生存競争」（ラモス, 1999）であり、プロである以上その競争を生き抜くために能うかぎりの努力をしなければなら

第 4 章　スポーツリテラシーの情報と言説

ない、といった主張が頻繁にみられるようになったことである。

　同様の主題として、「移籍」をめぐる言説なども重要な観察対象と言える。そもそも J リーグは、チーム間での選手の移動を容易にすべく、発足当初から固有の制度の在り方を模索してきた（2009 年度まで存続した「移籍係数」制度など）。リーグ発足 2 年目の 1994 年には、今日ではすっかり馴染みのものとなった「期限付き移籍」制度が導入されている。

　興味深いのは、うえに述べた新種のプロフェッショナル言説の担い手たちが、こうした移籍制度の有用性をかねてから強く主張していたことだ。例えばセルジオ越後は、当代きっての有力チームだったヴェルディ川崎から、出場機会を求めて JFL（当時の制度下で二部相当のリーグ）のチームに期限付き移籍した選手を積極的に評価している。いわく、選手たるもの「試合に出られなきゃうまくなれないのは当然のこと」で、現所属先で試合に出られないままでいるよりも、「J リーグ昇格」という目標と重圧を同時に感じられる二部のチームに移るほうが、結果として「ものすごくプラスになる」（越後，1998）。

　この言葉の裏側にある考えは、おそらく次のようなものである。すなわち、プロの生存競争を勝ち抜くためには、能力の向上をはかることは当然として、チームのレベルや練習環境、指導者の質、出場機会、戦術との相性、ギャランティ等々からなる条件・状況を客観的に捉えつつ、自身が生存するためにいかなるキャリアの選択が可能であるか、つねづねから考えておく必要がある。突発事のごとく生じた移籍やクビ切り話によって受動的に身の振り方を考えるのではなく、文字通りのセルフ・マネジメントに基づいて、自身の将来像をあらかじめ構築しておくことまでもが新時代の「プロフェッショナル」たちに求められようとしていたのだ。

5　中田英寿という現象

　こうした主体的なアスリート像は、日本の旧来的なスポーツ観とのあいだにいくらかの摩擦をまねきつつも、やがては人口に膾炙していく。顧みるに、このような変化を牽引したのは幾人かのトップ・アスリートたちだった。その代表といえるのが中田英寿である。その国際的な活躍もさることながら、中田英寿という存在が当時の日本のスポーツ界に与えたなによりのインパクトは、そ

の強烈なパーソナリティのほうにあった。彼は、選手としての実力のみならず、感性の面でも日本サッカーの古い枠組みを逸脱していた。例えば、リーグや代表戦のピッチで、自分よりはるか年長の大ベテランたちを呼び捨てにし、タメ口で指示を出す彼の姿が印象に残っている人もいるだろう（小松, 1999）。上下関係に代表される学校スポーツ的なタブーのあれこれを、次々と、そして臆することなく侵犯していく彼のふるまいは、当時のスポーツ界にとって間違いなく異貌のものだった。

　とはいえ、中田自身はただ単純にはみ出すことだけを志向していたのではない。むしろ彼の本分は、サッカーという競技に関わることを文字通りの「職業<small>プロフェッション</small>」とみなし、自身のキャリアを自らの手によって意識的に構築しようとする強烈な意志に存していたというべきだ。グラウンドのうえ、そしてキャリアのうえでの成功＝生存を勝ち取るために、彼がつねに先の先の課題までを見据えながら、それを乗り越えようと努めていたことは種々の証言が明かすところである（増島, 2007）。将来の海外移籍を見越して10代からイタリア語を学ぶ。引退後の暮らしのために、簿記の試験を受けたいという理由で、代表への初招集を蹴ろうとする——いずれも、のちのキャリアを考えればささやかとも思えるような初期の逸話だが、彼はそのようにして、選手個人が自身の将来をマネージするというそれまでとは全く異なるアスリート像を、そのキャリアのうえで明確に提示していったのである。

6　閑話休題

　ここに見たようなアスリート像を普及させる要因となったのは、むろんサッカーの関係者ばかりではない。野球の世界を例にとれば、早くには野茂英雄というパイオニアが、そしてなにより、イチローという主体的スポーツマンの典型のような人物がいた。マラソン走者の有森裕子がアトランタ・オリンピックのインタビューで残した言葉（「自分で自分を褒めたいと思いました」）も、同じ文脈に位置づけうるものかもしれない。少し目線を変えて、マンガにおけるスポーツ表象に目を向けてみても、やはり1990年代以降、学校スポーツの枠から大きくはみ出した主体的なプレーヤーたちの活躍が目立ちはじめる——例えば井上雄彦の『SLAM DUNK』がもたらした強烈な解放感はこのような展望

のもとで理解されるべきだろう（福田，2007）。

　ここまで見てきたアスリートたちの主体化に関わる事象は、すべて、「旧き」に対する開放だった。それを望もうと望むまいと、日本という国でスポーツに触れようとする者のすべてを搦めとってきた、硬直した古めかしい枠組み——そのような軛に対するブレイクスルーとして、つまりは善き革新として人々に受け止められることになったのだ。

　と･こ･ろ･で･。

　私たちは、こうしてもたらされた開放の価値を、ひたすらに愛でているばかりでいいのだろうか。あの新しさ、あの開放が善きものであったと、社会から孤絶した美しい景色でも眺めるようにして、ただつぶやいているだけでいいのだろうか。忘れてしまってはいないだろうか。そうした類のつぶやきに心地よく閉じこもるときにあらわれる、スポーツ・キャスターたちのあの微笑みのことを。

　旧きもの、硬直した因習のようなものからの開放が望まれていたのは、なにもスポーツの世界に限られたことではない。同時期の日本社会、そしてこの国を一つのパーツとしてすでに動きはじめていた世界的な経済もまた、人々が消費や生産といった行動に勤しむ際の様式を刷新しようとしはじめていた。日本のスポーツ文化が変化しはじめる 1990 年前後の数年間は、この世界的な経済による刷新の試みの具体的成果が、日本社会のうえにその影を落とそうとしていた時期でもあった。

7　働くこと、いまむかし

　「ノマドワーカー」という言葉が使われるようになってすでに久しい。周知の通り、会社や事務所といった特定の場所ではなく、カフェや図書館、公園のベンチなど、居場所を自由に変えながら仕事をする、そういうスタイルのことだ。ノート型パソコンやタブレット類のスペック向上、ならびに公共無線 LAN の設置率の高まりにともなって、こうした場所にとらわれない仕事のスタイルは珍しいものではなくなった。

　一方、この日本という国において長らく共有されてきた「働くこと」の像は、この種の自在さからはほど遠いものだった。1994 年に出版されたビジネス系

啓発書のなかで、ひとりのライターがこう書いている。「これまで誰もが、一流大学から一流企業に就職してたくさん給料をもらうことこそが最も確実なコースだと信じて、それを疑わなかった。仕事も手取り足取り教わり、一歩一歩階段を上るように出世して地位を築き、組織のなかで自分の生きがいを見出していく。いわば与えられる人生だ」(日向, 1994)。

興味深いことに、こうしたかつての働きかたが変容し、ノマドのような自由で流動的なスタイルを許容しはじめるのが、ここまで取り上げてきたスポーツ文化の変容と同じ1990年前後のことだ。終身雇用による安定が集団の凝固につながり、そこから柔軟性を欠いた無用な枷があれこれと生みだされていく――こうした「村社会」型の労働環境から脱却し、働く側ひとりひとりの個性や特徴が尊重されるしくみを整えることが、いっそう豊かな結果をもたらすということに、雇う側、雇われる側双方が気づこうとしはじめていたのだ。

8　働き手たちの開放

1986年の男女雇用機会均等法の制定[1]、ならびに1988年から導入されたフレックス制などは、そうした動きの典型的なあらわれの一つだろう[2]。また、同じ年代に日本で刊行されたビジネス系新書や情報誌の類に目を通すと、まさにこの手の個を尊重した働きかたの提案が多数なされていることに気づかされる。「情報通信ネットワーク」を活用して、時間や場所に制約されることなく、「いつでもどこでも」仕事をするという「テレワーク」の提案などは、まぎれもなく現代のノマドの先駆とみなしうるものだ(向井, 1997)。その他にも、企業内で個々の働き手たちがあたかも個人事業主のように自由な立案をなす「企業内起業」(大久保, 1999)、それらの主体化した働き手たちが、部署や企業の枠を越えて柔軟なプロジェクトを構築する「コラボレーション」(日本能率協会, 1996)など、かつてを思えば破格とも思えるほどに自由なワークスタイルが開拓されていくのである。

さらには、企業という宿り木に身を置くことを選ばず、ひとりでビジネスの世界の生存競争を勝ち抜かんとする「フリーランス」の存在が目立ちはじめるのもこの年代のことだ(クロックフォード, 1999)。これらの個人は、自身のもつ鍛え抜かれた能力や知識を武器にして、企業の外に位置しながら、高度な

プロフェッショナル・サービスを提供する。経営戦略のプランニング、システム開発・管理のための技術、企業広報のアイデアなどが、そこで提供されるサービスの一例だ。一見すると、いずれも企業の運営を考えるうえで不可欠な、非常に高度な業務ばかりであることに驚かされる。いわゆる「アウトソーシング」の時代が訪れようとしていたのである。

　これらフリーランスたちと同様の傾向を共有していたのが、同じく当時増加しつつあった「独立」志向の人々である。彼らの場合、フリーランスのように超高度のスキルを有していたわけではないが、自身の特技や個性を最大限に活用できるようなしごとを自ら立案するアイデアと、実行力とを誇っていた。実際、この時代に模索されていた独立の可能性は、フリーの「ライター」や「デザイナー」など、既存の職種を独力で担うといった態のものにとどまらない[3]。「本の宅配サービス」や「食べ歩きリサーチ」、果てには「スクープ映像専門通信業」といったものに至るまで、実に多様で個性的な仕事の在り方が開拓されようとしていたのだ（日向, 1994）——インターネットという新たな環境がもたらされた現在になって、こうした職種が現実に爆発的成長を遂げているところがおもしろい。

9　労働力自由化の背景

　このような——自由で、個々人の主体性を損なうことのない——新しい働きかたが生みだされたことの一因が、働き手たちの側から発された開放の欲求であったことは間違いない[4]。とはいえこうした労働者たちの夢は、だれのものともつかぬ善意のようなものが、どこからともなく降ってくることで実現したのではない。こうした抜本的な動きが生じるからには、それなりの背景があると考えるべきだ。

　大きくいうと、1990年代を前にして、日本の産業の中核が金融・サービス業やIT関連業種のほうへと本格的にシフトしていくなかで、戦後経済を支えてきた製造業をモデルにした雇用の在り方が自明のものではなくなったことが重要である。製造業の主力たる技術者たちを育成するための、長期にわたる安定的な雇用——終身雇用のもととなったそうした理念を、企業内のあらゆる部門に適用することが困難な時代がやってきたのだ。その際に雇用モデルの見直

しが図られた領域が、いわゆる間接部門、つまり、業務そのものが直接的利益を生み出さない部門であった（大久保，2000）。さらに大別すれば、この間接部門には、運営・システム管理・広報に関わる領域のように、高度に専門化された技能や知識が求められるものと、事務系のように、知識や経験をさほど必要としない、悪くいえば「取り換え」のきくものとが含まれている。

　端的に述べて、上に述べたような個人をベースにした新しい働き方は、これら間接部門にかかる人件費を縮減せんとする社会の流れのなかで生まれてきたものだ。とともに、すぐさま感知される通り、こんにち「派遣労働」と呼ばれている雇いかた／働きかたの起源もまた、同様の文脈のなかにある。1986年に施行されたかの「労働者派遣法」は、当初、前段の分類にいう「高度に専門化された技能や知識が求められる」部門における雇用の柔軟化を主眼としていた（鎌田，1995）。とはいえ、当初のこうした志向性は実際の運用のなかで形骸化し、同法はやがて、非専門的な業務部門に生じる臨時的な労働力（テンポラリー・ワーク）の需要をまかなうためのものへと性格を変えていくことになる。

10　自由を飼う思惑

　うえに見たような状況を考慮に入れるとき、新しく登場してきた自由な労働スタイルが、必ずしも手放しで喜べるような類のものではないことが見えてくる。わかりやすいケースから述べれば、企業の運営を担う側の人間は、自分の会社に関わる働き手たちが自由な主体として振る舞おうとしていることを、当然のことながら把握していた。例えば、インテリジェンスの代表取締役を務めていた鎌田和彦（現アート・クラフト・サイエンスで代表取締役会長）は、自社の社員たちから募った起業案をコンテストにかける試みを定期的に行っていた。社員たちは部署の壁を越えた「コラボレーション」型混成チームの一員として自由に企画案を発表することができ、また実際、彼らがその先で本当に起業を望んだ場合には、鎌田自らが積極的に支援することもあったという。とはいえ、こうした支援の身振りを単なる善意として片づけてしまうだけではいけない。というのも、鎌田自身、このコンテストに「全社スケールで組織に刺激を与える」という意図があったことを隠し立てなく述べているからだ（三和総合研究所，2000）。

この種の意図はなにも特別なものではない。労働者に一定の自由を保証することによって得られる創造性を生産力として取り込まんとするヴィジョンは、雇用制度の転換期を迎えたそもそもの時点から、ほとんどのコンサルタントたちによって唱えられていたものである。こうした事情は、テンポラリー・ワーカーやフリーターたちの場合も大差ない。当時のいわゆるコーチング・マニュアルの類では、これらの働き手が抱いている夢や自己実現願望を煽るような働きかけをなすことによって、彼らがより優れた労働効率を発揮する人材に成長しうる、などということが大真面目に論じられているのだ（西村，2002）。

11　新時代の権力：ソフトな管理技術

　唐突かもしれないが、フーコーやドゥルーズといった思想家たちの権力論は、こうした管理の在り方を捉えるうえで非常に有効なものだろう。彼らの議論を受けた東浩紀によると、20世紀後半の西洋型社会に見られるようになったのは、「環境管理型」権力と呼ばれるソフトな介入の技術である（東・大澤，2003）。乱暴にまとめれば、管理の対象となる人間たちの思考や行動を強引に矯正するのではなく、一定の大きな枠組みのなかで・自・由・に・泳・が・せ・る管理技術のことだ。ここで肝要なのは、一見するとまったき自由の行使と映るようなふるまいの周りで、当事者たちを囲う枠組みが、柔軟に、しかし確実に設けられているということである。

　先の例に戻ると、自己実現を夢見るテンポラリー・ワーカーの心情が、管理者たちの調整によって生産へと向けられる。当の管理職たちが暖めている起業等の将来計画もまた、鎌田の会社の場合のように、さらに上位の人間の思惑によって緩やかに囲い込まれているだろう。それでは、なんらかの組織を統括する立場にまでたどり着けば、あらゆる管理の枠組みから逃れうるかというと、そんなこともない。現代社会に潜む環境管理型の枠組み探しを極限まで拡張するとき、何人たりとも逃れ得ない、巨大で御し難い一つの領域が姿を浮かびあがらせる。その領域とは、市場、あるいは経済活動にほかならない。

　新自由主義的な政策が世界中の多くの領域に行きわたり、市場のルールの及ぶ範囲が文字通り上下左右に拡張されていく世界に身を置く私たちは、ただ一つ、何らかの経済活動に従事する存在、つまり、経済人（ホモ エコノミクス）として生きることし

か許されていない（フーコー，2008；福田，2010）。そうした経済人としての私たちによる生産・消費活動が、社会・政治の動きと絡み合うなかで動くのが市場であるなら、原理的にいってそれは、もはや特定の個人たちの思惑などには帰せられぬ、超人称的な力として理解されなければならない。そうであるならば、鎌田のようなトップクラスの企業人や一流のコンサルタントたちのふるまいもまた、この超人称的な枠組みを駆動させる一つの要素でこそありえても、そのはたらきを超越したところで存立するようなものではありえないのだ。

12　おわりに：「自由」の外部への想像力

　省みるに、「自由」という言葉が本来含意するものをふまえれば、経済活動の外側で生きるという選択がなんらかのかたちで許されていてもよいはずだ。だが実際のところ、自分たちの生産・消費活動の自由度や、その活動のおよぶ領域が拡大されるにつれ、私たち経済人は、自らの自在さを許容している枠の外に対する想像力を枯渇させてきた。経済ゲームからの脱落に瀕した人々が、いかなる種類のまなざし、いかなる種類の言説に晒されるかを考えてみれば、けっして他人事といい切れる事態ではないだろう。当事者たち一人ひとりの抱える内外の事情が踏まえられる風もなく、ただひたすらに当人たちの見通しの甘さや努力不足を批判する「自己責任論」が猛威を振るう（福田，2010）。
　この手の自己責任論が真実なら、私たちが経済人として生きていくということは、この小文の前半部で述べてきたプロスポーツ選手たちの「生存競争」とほとんど同じ事態を意味していることになる。市場という巨大な枠のなかでこの身を守り通すために、日ごろから主体的に能力向上を心がけ、将来的なキャリアの展望を先取りして描いておく。そして、そのようなかたちで用意されたはずの万全の準備や計画が頓挫することになったとしても、それは本人の力不足に過ぎない。
　もちろん、複雑な現実をネガティブな観点から一般化し、その問題点のみを誇張するようなやり口がフェアでないことは承知している。だがそれでも、せめて一般論としてでも問うてみたいのだ。経済人として日々の糧をえる私たちが、主体化の時代を迎えた現代のスポーツ文化と向き合い、それを愛好するという行為は、いったいいかなる事態を意味しているのだろう。中田英寿のよう

第4章　スポーツリテラシーの情報と言説

なプロフェッショナルたちによる華やかな成功譚を前にして、私たちが酔いのような喜びを覚えるとき、彼らの成功の背後で構造的に生みだされているはずの脱落者たちはどこへ消えてしまうのだろう。さらには、そうした離脱者たちについての想像力を失ってしまったのちに、私たちは、この現代社会に生きる私たち自身の存在をどのように理解していけばいいのだろう。

「スポーツを愛するのは良くないことだ」と主張することが、この小文の目的なのではない。ただ、冒頭で述べた通り、もし私たちが本当に自由で多彩なスポーツ語りへと開かれているのなら、スポーツというものを、スポーツという枠のなかだけで片付けてしまわないような「もうひとつの語り」が認められていてもいいはずだ。うえに見た通り、そのような視点を得ることは、私たち自身の生を思考するうえでもけっして無益ではない。こうした新しい語りの可能性の方へと身を開いていくために、日常から、つまりはスポーツを愛好する私たちの心情からいちど視点をきり離してみること[5]——この小文とともに提案したかったリテラシーのかたちは、およそこのようなものである。

【注】
1) 男女雇用機会均等法の歴史的位置づけに関しては、井上俊也氏から貴重な示唆を得た。
2) 余談めくが、広瀬香美による 1993 年のヒット曲〈ロマンスの神様〉の歌詞には、OLとおぼしき語り手による「週休二日　しかもフレックス」というフレーズがある。
3) 同じく音楽作品から例をとれば、ラップ・グループのスチャダラパーによる〈給料 10 万円節〉(1991) では、夢こそあるが稼げないフリーライターとデザイナーの悲哀が歌われる。
4) 実際、フリーランスであれ、独立を実現したものであれ、旧来的な雇用システムからの離脱成功者たちの多くは、社内の組織や慣習から開放されて、自分の思考や感覚の通りに行動する自由が得られたことを、極めてポジティブな言葉で表現している（日向, 1994；クロックフォード, 1999）。
5) 近年発展の著しいポピュラー・カルチャー研究の文脈では、研究対象となる事象を日常的な趣味・嗜好の延長線上に位置づけるような感性に対し、早くから警鐘が鳴らされてきた。ポピュラー音楽研究者の増田聡による以下の著作、とくにその序文が参考になる。増田聡『聴衆をつくる——音楽批評の解体文法』、青土社、2006 年。

【参考文献】
東浩紀・大澤真幸『自由を考える—9・11 以降の現代思想』、NHK ブックス、2003 年 5 月.
岡野俊一郎「スポーツの新しい展開について」、『文部時報』(1399)、ぎょうせい、1993 年 7 月.
大久保幸夫「自営業の復権」、『Works』(34)、リクルートワークス研究所、1999 年 6-7 月.
　　　　、「新たな雇用システムではなく、個人の能力と向き合う『在り方』を追求せよ」、

『今月の焦点』，三和総合研究所，2000 年 7 月．
鎌田耕一「派遣労働の多様化と労働者派遣法の課題」，『ジュリスト』(1066), 1995 年 5 月．
サチコ・エマ・クロックフォード「急増する「コンサルタント」という名のインディペ
　　ンデント・コントラクター」，『Works』(34), リクルートワークス研究所，1999 年
　　6-7 月．
小松成美『中田語録』，文春文庫，1999 年．
セルジオ越後『日本サッカー黙示録：J リーグ編』，TOKYO FM 出版，1998 年．
西村英幸『ディズニーランドとマクドナルドの人材育成術』，エール出版社，2002 年 4 月．
日向咲嗣『収入 3 倍！イヤな会社なんて辞めて自由に暮らす 100 の方法』，DHC, 1994 年．
福田裕大「スポーツ：スポーツ新聞を投げ捨てるための方法序説」，『知のリテラシー
　　文化』（河田学・葉口英子・ほか編），ナカニシヤ出版，2007 年 4 月．
―――，「監視と権力：見えない自由を考える」，『メディア・コミュニケーション論』（池
　　田理知子・松本健太郎編），ナカニシヤ出版，2010 年 12 月．
ミシェル・フーコー『ミシェル・フーコー講義集成〈8〉生政治の誕生（コレージュ・ド・
　　フランス講義 1978-79）』（慎改康之訳），筑摩書房，2008 年 8 月．
増島みどり『In His Times 中田英寿という時代』，光文社，2007 年 1 月．
松平康隆・川淵三郎・王貞治・石川晋「プロスポーツとアマチュアスポーツのこれから
　　を探る（座談会）」，『文部時報』(1399), 文部省，1993 年 7 月．
向井三貴「『個の自律時代』のワークスタイルを考える」，『企業福祉』(461), 産労総合
　　研究所，1997 年 12 月．
森永卓郎「フリーターが増加する時代：未来の重荷か，知的想像社会の母なる海か」，『今
　　月の焦点』，三和総合研究所，2000 年 7 月．
ラモス瑠偉『ラモスの黙示録』，ザ・マサダ，1999 年 3 月．
日本能率協会（編）「ホワイトカラー生産性革新とコラボレーション：新しいワークスタ
　　イルの可能性を探る」，『JMA マネジメントレビュー』，日本能率協会，1996 年．
井上雄彦『SLAM DUNK』，集英社，1996 年．

11

サッカーの得点を見る
―確率思考の面白さ―

鷲崎早雄（静岡産業大学）

はじめに

　スポーツリテラシーという言葉はまだ新しい言葉であるから、多少とんちんかんであっても先に言ってみるということは、学問の発展にとって重要なことではないかと思っている。筆者の元々の専門分野である情報リテラシーという言葉も同様にまだ新しい言葉ではあるが、すでに使われだしてから十数年近く経ち一定の共通理解ができている。Ascii.jp デジタル用語辞典によれば情報リテラシーは狭義には「情報機器や IT ネットワークを活用して、情報・データを管理、活用する能力のこと」であるが、現代では「氾濫する情報の中から、必要な情報を収集、整理し、確実に組み替える能力」「情報基礎知識の活用、パソコンの活用、ネットワークの活用を通じてコミュニケーション社会を創り出していける能力」を広義の情報リテラシーと言っている。

　情報リテラシーに照らしてスポーツリテラシーの視点を考えると、狭義には「スポーツに接し、スポーツを享受する能力」のことと見ることができる。スポーツを「する」、「見る」、「読む」、「支援する」などのことである。ところが情報が世の中にあふれているのと同じように、スポーツも私たちの日常生活の中にあふれているので、その中から適切にスポーツを「分析」したり、「鑑賞」したり、「評価」したりしながら、適切な形でスポーツ社会を創り出していける能力が求められているものと思う。それを「広義」のスポーツリテラシーと言ったらどうかと考えている。

　仮にあるスポーツを「分析」する場面を考え、そのスポーツに関していろい

ろなデータが集まっているとする。それぞれがバイオメカニクスであれば機構学など、運動能力であれば生理学、運動スキルであれば運動学などスポーツ科学に隣接する専門分野の科学的なデータ処理知識に従って分析されている。それ以外にスポーツには膨大な試合記録データがある。試合記録データはプロ野球やサッカーの記録ではファンがデータを見ながら楽しむために使用しているし、球団が選手の貢献度や次のシーズンの補強を検討するために使用している。さらにコンピュータの発展によって利用が進んでいるのが試合内容の推移に関する分析である。サッカーでは試合の一場面ごとに選手のポジションや動作がデータ採取され、それがビジュアル化されている。しかし、試合記録データの分析についてはまだ科学的なメスがあまり入っていないために、極端に言えばデータの四則演算に過ぎない状態で終わっていると言えるが、分析精度を上げれば有名なセイバーメトリクスのように現実問題を見事に解いてくれる場合も出てくるであろう。

　一般にデータ分析の精度を上げるためには、適切なデータ収集、データの解析とモデルの構築、モデルの検証という段階を経る。検証された後にそのモデルを用いた現実問題の応用が試みられるようになる。このデータハンドリングの過程は前述の情報リテラシーでは情報基礎知識の活用に相当することである。

　このような観点から、スポーツリテラシーの必要要素である「分析」の分野で、試合記録データのデータハンドリングに情報基礎知識である確率モデルの考え方を適用すると、どのようなことが言えるかということを本稿の問題意識にしている。紙数や時間の都合で分析のさわりの部分だけであるが、サッカーの得点はある確率モデルに非常に近いということを言っている。

　本稿は、筆者がスポーツ・マネージメント分野に対する数理科学手法の応用研究を始めた頃、サッカーの得点と統計分析に興味をもち、大学の研究紀要に投稿した論文をリライトしたものである。もともとサッカーの得点問題の研究は欧州で盛んである。どちらかというとサッカーの技術的な問題意識から出発したというよりも、サッカーくじの予測やブックメーカーなど賭けビジネスモデルの開発などと結びついて発展してきている。そういう意味で、この問題は数理情報を応用したスポーツ・ビジネス論の分野の一つの問題であるかもしれない。意思決定論などでビジネス・ビッグデータの扱い方が話題になる中で、

第4章　スポーツリテラシーの情報と言説

スポーツ・ビジネスでも賭けの問題に限らず他の多くの問題にこうしたアプローチが意味を持つ時代になっているのかもしれない。本稿ではその嚆矢となったクローチャの論文[1]をベースにさわりについて触れてみる。

1　サッカーとポアソン分布

　OR（Operations Research、数理的な経営科学手法）は第2次世界大戦中に軍事戦略の意思決定分析ツールとして開発され、戦後は民間の経営の現場に適用されて大きな成果をあげていた[2]。これをスポーツ分野にも適用しようという試みは、第2次世界大戦直後から始まっている[3]。ORが出現して時間が経たないうちにスポーツ分野にも展開されたということは、「勝つための方法論」というORの目的がスポーツとなじみ深いということもあったと思われる。
　サッカーは他のスポーツと異なり、得点がなかなか入らない競技である。なおかつ野球やアメリカンフットボールのように、一度停止した場面から何かの戦術を選択して次のプレーを行うのではない。サッカーは全体として90分間の流れの中で、両チーム合わせて22人の選手がボールを蹴り続け、何かのきっかけで得点が入ったり入らなかったりする競技である。このような事象の起こり方を、現実の世の中のその他の事例で探してみると、例えば大きな不動産の契約が成立するような話と似ている。あるいは、毎日毎日大量のトラフィックがある街中で、たまたま衝突事故が発生するような事例とも似ている。
　不動産契約の場合、不動産の商談自体は日本中の各所で無数に行われているが、高価な買い物であるから契約成立までこぎつける確率は非常に小さい。たまたまある物件の条件を不動産屋が紹介し、それが顧客のニーズにマッチしたときに、契約成立という事象が起こる。交通事故の発生も同じように考えられる。車は無数に走っているが、たまたま車の外部環境とドライバー、場合によっては「車」というハード自身との関係において、交通事故が発生する。このような事象の発生の仕方は、確率モデルでは良く知られているように、試行回数がきわめて大きくて、発生確率が小さい（すなわち稀少である）場合に成立する「ポアソンの小数の法則」にしたがっているという[4]。
　ポアソン分布は、「ポアソンの小数の法則」を2項分布に適用して、試行回数を無限大、発生確率を限りなくゼロに近くしたときの分布である。実際のデ

ータで検証してみると、不動産の契約成立や交通事故発生の事象にはポアソン分布がよくフィット（適合）することが知られている。歴史上最初にポアソン分布を現実の事例にあてはめたのは、ボルトキーヴィッチが行った「プロシア陸軍において、ある一定の時間内に馬に蹴られて死んだ兵士数の研究」である[5]。ある時間内に馬に蹴られた兵士の数と、ある時間内にシュートして得られるサッカーの得点では何の関係性もない。兵士が馬に蹴られるのは全くの偶然だろうが、サッカーの得点は監督・選手の真摯な戦術とプレーの結果であるから、事象が発生するまでの行為の質は全く異なるものである。一方は全くの偶然であるし、もう一方は緻密な作戦の結果であるかもしれないからである。しかしサッカーの場合でも、緻密に作戦を立ててシュートすれば必ず得点に結びつくのかと言えば、そうではない。相手の動きによって結びつかない場合もあるのである。そういう意味でサッカーの得点は確率的に発生するのだと言えなくもない。非常に多くの行動の中で確率の非常に低いことが起こる（得点がある）という事象だけをとらえれば、サッカーボールを蹴るのも、馬が人を蹴るのも同じ概念として整理できるということである。そこで、サッカーの得点の分布はポアソン分布あるいはその系列の分布になるのではないかと予想できる。

2　ポラードの結果

　ここでは、サッカーの得点に関するポラードの結果について整理しておく[6]。サッカーの得点分布に関する研究は、Moroney（1951）、ポラード（1977）、ポラード（1986）、Norman（1998）などがある[7]。これらの研究では、サッカーでは、試合の展開によって得点率が変化するという現象が見られるのが普通であるから、それを考慮したものでなければならないと考えている。得点率とは時間当たりに得点する確率のことである。例えば、負けているチームはとにかく得点しなければならないから、試合のある時点からは防御を犠牲にして相手に得点されるリスクを増加させてでも、自チームの得点率を高める戦術をとるから、途中から得点率が変化するだろうということである。このような確率現象に対しては、得点の期待値がある確率に従って変動する構造を持つ「負の2項分布（Negative Binomial Distrubution）」がフィットすると考えられ

171

る[8]。ポラードは、サッカーの得点分布は「負の2項分布（Negative Binomial Distribution）」にもっとも適合するということを提案し、実際のデータで示した。

表1はポラードが負の2項分布を当てはめた結果である。データは1967-68シーズンの英国第一部フットボールリーグ（English First Division Football League）の924試合の得点を用いている。負の2項分布の確率変数は、パラメータとしてkとpを持つ下のような式1で与えられる。パラメータは、サンプル平均mと分散s^2を使用して推計される。

式1

$$\Pr(得点=r) = {}^{k+r-1}C_{k-1}P^k(1-P)^r$$
$$r = 0,1,2\ldots$$
但し、$k>0, \ 0<p<1$

表1　サッカーゴール数の実績値と計算期待値の対比[9]

ゴール数	実績値	期待値
0	225	226.6
1	293	296.4
2	224	213.9
3	114	112.6
4	41	48.3
5	15	17.9
6	9	5.9
7+	3	2.5
合計	924	924.1

表1を見ると「負の2項分布」が極めてよくフィットしている。得られた統計的検定の値も信頼性が高い値となっている。ポラードの研究以外にも、モデルの適合性を高めるために、いろいろな研究が行なわれている。これらの研究では、得点に影響を与えるいろいろな環境パラメータを取り上げている。特に、ホームグランド・アドバンテージの問題はよく研究されている。例えば、ウィニング・マージンのような概念を導入してホームとアウェイのパフォーマンスの違いをモデルに取り込むことなどが研究されている[10]。

3 クローチャの結果

　ここでは、ホームゲームとアウェイゲームにおけるパフォーマンスの違いに焦点を当てたクローチャの研究について言及する[11]。使用されたデータセットは、2002/03シーズンに英国プレミアリーグで行われた380試合のデータである。

　クローチャは、この380試合の得点について、各チームの得点をホームの場合とアウェイの場合の2つに分け、ポアソン分布を用いて分布を推定し、適合性の検定を行なった。ポアソン分布はλをパラメータとして、得点をyとすると、下の式2で表すことができる。

式2
$$\Pr(得点 = r) = e^{-\lambda}\lambda^r / r!$$
$$r = 0, 1, 2\ldots$$

　380試合の全得点のうち、ホームチームの得点合計は570点であり、1試合平均にすると$\lambda_1 = 1.500$点、またアウェイチームの得点合計は430点で、1試合平均$\lambda_2 = 1.132$点であった。λ_1およびλ_2は、チームごとにも求められる。クローチャが使用した英国プレミアリーグの各チームのλ_1とλ_2は表2に示すとおりである。また、表の勝点は、勝った場合に3点、引き分けは1点、負けた場合には0点として計算されたものである。

　統計的に見ると、λ_1とλ_2の間には相関があり、表2の場合相関係数は0.644である。ホームゲーム・アドバンテージにより、大多数のチームはホームのλの値がアウェイよりも大きいが、Leeds Unitedだけはその関係が逆転している。すなわち、アウェイの平均得点の方が大きい。しかし、これは全体で20チームのうち、わずか1チームだけである。次に、λ_1と勝点の間の相関を見ると、ホームゲームにおける得点率の高いチームが勝点も大きいという傾向にある。相関係数が0.890であるから、この傾向は著しく強い。アウェイの場合のλ_2と勝点の間にも相関がある。相関係数は0.796で約1ポイントの違いがあった。ホームの方の相関が主でアウェイの方の相関が従であるから、ホームに強いチームがより勝点が多く全体として強いチームだと言えるだろう。

表2 ホーム平均得点とアウェイ平均得点[12]

チーム	λ1	λ2	勝点
Manchester United	2.21	1.68	83
Arsenal	2.47	2	78
Newcastle	1.89	1.42	69
Chelsea	2.16	1.42	67
Liverpool	1.58	1.63	64
Blackburn	1.26	1.47	60
Everton	1.47	1.05	59
Southampton	1.32	0.95	52
Mancester City	1.47	1	51
Tottenham	1.58	1.11	50
Middlesbrough	1.89	0.63	49
Charlton	1.37	1	49
Birmingham	1.32	0.84	48
Fulham	1.37	0.79	48
Leeds	1.32	1.74	47
Aston Villa	1.32	0.89	45
Bolton	1.42	0.74	44
West Ham	1.11	1.11	42
West Bromwich	0.89	0.63	26
Sunderbando	0.58	0.53	19

　380試合のすべての得点について、実際の得点の分布とポアソン分布から得られた得点の分布とを比較すると（表3）、非常によく適合している。このように、クローチヤの研究では実際の英国のプレミアリーグのデータがホームとアウェイのそれぞれにおいてポアソン分布によく適合する、という結果が導かれた。ポラードの研究では、得点率の変化を考慮して負の2項分布を用いたが、それよりシンプルで扱いやすいポアソン分布にも非常によく適合しているということで、これ以降の研究ではポアソン分布が用いられるようになっている。

　ここまでの得点分析は全チーム平均した時のホームゲームの得点分布、アウェイゲームの得点分布がどうなっているかということである。これをリーグ戦における各試合の得点、すなわち2次元の得点（x-y）分布の分析が行えるようにするためには、表2で得られているλ1、λ2と2つのパラメータを持つ

11 サッカーの得点を見る

表3 ホームチームの分布とアウェイチームの分布比較 [13]

得点	ホーム（λ =1.500）		アウェイ（λ =1.132）	
	実績値	期待値	実績値	期待値
0	81	84.8	126	122.6
1	121	127.2	139	138.7
2	114	95.4	74	78.5
3	43	47.7	29	29.5
4以上	21	24.9	12	10.7
合計	380	380	380	380

多重分布を考える問題になる。交互作用がないと仮定すれば、$\lambda 1$、$\lambda 2$を用いて2つのポアソン分布の積を考えれば良い。本来は、2変数のポアソン分布を仮定して交互作用までを考慮するべきであろうが、計算上の複雑性が増すので、クローチャの研究ではホームの分布とアウェイの分布は独立であると仮定している。試合ごとの確率分布は下の式3で求まる。

式3

$$\Pr(x, y) = (e^{-\lambda_1}\lambda_1^x / x!)(e^{-\lambda_2}\lambda_2^y / y!) = \lambda_1^x \lambda_2^y e^{-(\lambda_1+\lambda_2)} / x! y!$$

但し、x,yはそれぞれホームチーム、アウェイチームの得点
λ_1、λ_2はそれぞれホームチーム、アウェイチームの1試合平均得点

試合ごと計算結果の合計は表4のようになった。表4はホームチームの得点を縦軸、アウェイチームの得点を横軸にとり、縦軸と横軸の交点に、そのスコア（x-y）の実績試合数が書かれている。（ ）内は、式3の分布から計算された試合数の期待値である。例えば、0－0の試合は実績で20試合あったが、計算された期待値は27.3試合であった。一方、ホームチームが1－0で勝つケースは、計算では41試合であるが、実際には50試合あった。0－0と1－0の組み合わせを除くと、他の組み合わせは計算と実績とはそれほど乖離していない。これは、どうやら0－0で試合が展開しているときに、ホームチームが頑張って1点入れるケースが、確率的に多いのではないかという可能性を示唆しているのかもしれない。しかし、詳しく分析するためには、ホームとアウェイの2変数の交互作用を入れたモデルが必要になるため、今後の課題である。

表4　ホームとアウェイの得点の組み合わせの実績と期待値[14]

		アウェイ得点					合計
		0	1	2	3	4以上	
ホーム得点	0	20	32	15	9	5	81
		(27.3)	(30.9)	(17.5)	(6.6)	(2.4)	(84.8)
	1	50	42	19	7	3	121
		(41.0)	(46.2)	(26.3)	(9.9)	(3.6)	(127.2)
	2	35	40	26	10	3	114
		(30.8)	(34.8)	(19.7)	(7.4)	(2.7)	(95.4)
	3	17	16	9	0	1	43
		(15.4)	(17.4)	(9.8)	(3.7)	(1.3)	(47.6)
	4以上	4	9	5	3	0	21
		(8.1)	(9.1)	(5.2)	(1.9)	(0.7)	(25.0)
合計		126	139	74	29	12	380
		(122.6)	(138.7)	(78.5)	(29.5)	(10.7)	(380)

上段：実績値
下段：期待値

4　おわりに

　このように、チームの得点分布を当てはめるだけではなく、試合の組み合わせによる得点分布を当てはめても、統計的に良くフィットすることが、クローチャの研究ではっきりしてきた。本稿に引用した結果は、各表ともにリーグの試合全体の合計に関する結果である。これを、各チームの対戦を考慮した予測にまで持っていければ、サッカーの試合において、もっとも勝つ可能性の高い組み合わせを求める問題や、リーグ終盤になって下位に居るチームが、下のリーグと入れ替えになる確率を求める問題や、サッカーくじの新しい商品を検討する問題など、いろいろな問題に統計的手法を応用することができるようになると期待される。これ以降の研究については以下の参考文献も参照していただきたい。

【参考文献】
1) Croucher, J. S., Using Statistics to Predict Scores in English Premier League Soccer, in Butenko, S. and Gil-Lafuente, J. and Pardalos, P.（eds）, Economics, Management and

optimaization in Sports, Springer, 2004, pp.42-57.
2) Pollard, et al., Sport and the negative binomial distribution., in S. P. Ladany and R. E. Machel（eds）Optimal Strategies in Sports., New York: North Holland, 188-195, 1977.
3) 東京大学教養学部統計学教室編「統計学入門」東京大学出版会，1991年．
4) 鷲崎早雄「サッカーの得点と統計的研究（その1、文献研究）」，環境と経営，Vol.10, No. 2, pp129-133.
5) 鷲崎早雄「サッカーの得点と統計的研究（その2、J1リーグデータによる計算実験）」，環境と経営，Vol.11, No. 1, pp125-131.
6) 鷲崎早雄「サッカーの得点と統計的研究（その3、totoの確率と考察）」，環境と経営，Vol.11, No. 2, pp.77-81.
7) 鷲崎早雄「サッカーJリーグにおけるホームグランド・アドバンテージの統計的推定結果について」，環境と経営，Vol.14, No. 1, pp.1-5.
8) 鷲崎早雄「ポアソン回帰を用いたJリーグの得点モデルの推定—サッカーの勝敗はどの程度確率的なのか—」，環境と経営，Vol.17, No. 1, pp.1-9.
9) 鷲崎早雄「J1リーグにおける順位問題の数理的考察：2010年，2011年シーズンデータを使用して—」，環境と経営，Vol.18, No. 2, p.121, pp.121-134.

【注】
1) 参考文献1).
2) 三根久「オペレーションズ・リサーチ上巻」朝倉書店，1966年，p.5.
3) 本稿第2節.
4) 参考文献3), p.114.
5) 同上，p.115.
6) 参考文献2).
7) 参考文献1), p.44.
8) 参考文献3), p.119.
9) 参考文献1), p.45.
10) 同上.
11) 参考文献1).
12) 参考文献1), p.47, Table2.
13) 参考文献1), p.48, Table3.
14) 参考文献1), p.50, Table4.

終章

12

社会システムとしての
スポーツリテラシー

武藤泰明（早稲田大学）

1　概念枠組

（1）リテラシー概念の拡張

　この研究会において、リテラシーという、スポーツの分野ではほとんど確立されていない概念を検討する過程でわかったことの一つは、様々な領域でこの概念の拡張が行われていることであった。リテラシーは、元来は読み書きという、個人の知識と能力を表すものであったが、例えば環境リテラシーの米国環境保護庁の定義は「環境的なリテラシーを持った人は、生態系と社会・政治的システムの両方を理解し、環境的な質の向上に向けての重要性を主張する意思決定のために、その理解を適用しようとする意向を持つ。」となっている。単なる知識ではなく、知識に基づく能力・技能や価値観・意志を含む概念になっている。個人の意志を要件としていることが特徴である。

　また本研究会に出講した伊藤宏一によれば、ファイナンシャル・プランニング（以下FP）のリテラシーとはFPの知識だけでなく、必要に応じて、専門的なFPの支援を得る能力というのを含んでいる。FPのリテラシーが実現するためには、FPのサービスが提供されていることが不可欠だということである。その意味では、リテラシーの前提は社会システムであるということができるのだろう。

　つぎに、リテラシーは個人の知識と能力であるとしたが、やや厳密に言うなら、当然といえば当然だが、知識に基づく能力ということになる。これも伊藤宏一によれば、FPのリテラシーは、米英ではリテラシーではなくケイパビリ

ティと記述される。こ
れを拠り所とするな
ら、つぎに考えてみた
いのは「個人の能力」
ではなくて「組織能力」
である。近年の経営学
ではこれをケイパビリ
ティと呼んでいる。企
業や団体にとって重要
なのは組織としてのケ
イパビリティであろ

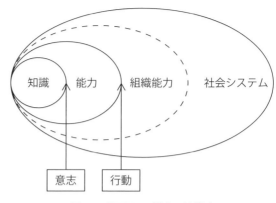

図1　リテラシー概念の拡がり

う。これと同様に、組織としてのリテラシーを想定することができる。

　ここまでの検討は、図のように示すことができる。すなわちリテラシーは、知識、能力、組織能力、社会システムによって構成される。組織能力を破線にしているのは、分野によってはこの概念が必要ないと思われるためである。

（2）リテラシーの社会システム

　では、リテラシー概念のこのような拡張が行われるのはなぜなのだろう。まず、組織能力の概念が必要とされるのは、上述のように、能力の主体として組織が前提とされるからである。では社会システムの概念を持ち出す必要はどこにあるのか。

　この理由は、元来のリテラシーでは、集中的ないし継続的な知識付与が教育によって行われていたのに対して、環境にせよFPにせよ、あるいは後述するメディアあるいはスポーツのリテラシーが、このような教育によって付与されていないためだということができるだろう。換言すれば、元来の「読み書き」のリテラシーは、教育に関する社会システムを暗黙・当然の前提としていた。逆に言えば、教育のないところ、教育システムのないところではリテラシーは獲得できない。そしてこのようなリテラシーは、社会の必要に応じて公教育や私塾などによって提供されてきたのである。

　最近読んだ好著から例を引くなら、工藤庸子（2013）は、18世紀ころのカトリック教会が提供していたリテラシーについてつぎのように述べている（も

終章

ちろん、工藤はリテラシーについて述べようとしているわけではないしリテラシーの語をつかっているわけでもないが)。

> 貧しさのために学校に行けぬ子どもたちにとって初聖体のために地元の教会や修道院にかようことは教育を受ける唯一のチャンスでもあった。時代や環境によって異なるが、カテキズム（引用者注：信仰の入門教育）のために想定される期間は長ければ四年ほど、日曜日のほか儀式の直前には週日にもグループレッスンが行われた。

> まずは識字教育。聖書や聖歌はラテン語だが、せめて母国語で信仰の手引きなどが読めるようにという配慮である。（中略）子どもが「霊魂」と「心」と「おこない」のすべてにおいて、カトリック信徒にふさわしくなるようにという課題は、総合的な人格教育に相当するといえるだろう。

> フランスでは君主制時代はもとより、十九世紀においても、よきカトリック信徒であることは、信頼のおける社会人であるという意味の人物保証につながった。こうして初聖体をおえることが「成人式」に匹敵する意味をもつようになり、都市部でも親方が雇用する青少年を教会にかよわせることが求められた。

この記述からわかるのは、カトリック教会が初聖体の準備のために、一定以上の社会階層の子女に対してリテラシーを付与しただけでなく、そのいわば「お付き」の、低い階層の子女にもリテラシーを付与していたこと、またこのようなリテラシーが産業社会にとって重要なものであることが認識され、労働者階級に対しても教会での教育がリテラシー獲得のために行われるようになったことである。これに対して、環境等、上に述べた新たなリテラシーは、社会システムの存在を前提としない、というより、することができない。

（3）新たなリテラシーの共通項

このような特徴に加えて、新たなリテラシーに共通する点を指摘してみたい。第1は上述のように、能力の獲得について意志を必要とするという点である。

ここでいう意志とは「その能力を獲得したいという意志」であるとともに、「その能力の獲得が好ましいものであるという意識」を前提とするものである。すでに述べたとおり、環境リテラシーについて言えば環境保護についての意志がリテラシーの構成要件になっている。FPのリテラシーについても、その獲得は経済生活をより豊かな、あるいは安定したものにしたいという個人の意志に基づいている。メディア・リテラシーの前提は、正確な情報を得たい（あるいはメディアは意図の有無に関わらず「あやしい」のである程度疑ってかかる必要がある、だまされたくない）という意識である。

　第2は、能力獲得機会があまり多くない、多くなくてよいという点であろう。自身の退職後の経済生活の設計を20代から毎日しようという人はいない。定年退職、引退等を契機として考えるという性格のものである。同様に、環境問題に関する知見を日々高めていこうという人も少ない。メディアを疑う訓練も、そう頻繁に必要なものではない。したがって、これらのリテラシーに係わる社会システムから個人への情報の提供の頻度は、少なくてよいのである。

　公教育というシステムによるリテラシーの付与は、一定の年齢段階の者を対象にして、いわば一気に実施される。統治者がこれを必要であると認識していることがその前提である。初聖体のリテラシーは統治者によるものではないが、統治という「俗」の権力ではなく、いわば「聖」の権威が必要性を認めたものとして実施されている。確立された社会システムが知識を提供するという点では、教育も初聖体も同じである。これに対して、環境リテラシーやFPのリテラシーは、提供する側はリテラシーの付与の時期を意識しない。意志によって意識が覚醒した時点が「学びのとき」である。

　第3に、リテラシー獲得の手段が、様々な主体によって提供されている。日本FP協会は会員数が19万人を超える大きなNPO法人で、大半の会員はFPの有資格者であるが、NPO法人、すなわち特定非営利活動法人として認定されている理由は、この法人が会員の利益を守ることを第一の目的とするのではなく、日本に金融教育を普及させることを理念として掲げていることである。そしてこの団体は、国が国民の資産形成の重要性を唱える以前から存在している。もちろん日本FP協会とは無関係・独自に、税理士なども資産形成のためのアドバイスを事業の一部として実施している。すなわち、FPのリテラシーは中央集権的でも独占的でもなく、多元的に提供されているのである。また私

終章

はこの小論を屋久島で書いているのだが、世界自然遺産の観光を目的として屋久島を訪れる人は、その意志に関係なく、屋久島から発信される環境保護に関する要請を目にし、これに同意して行動しなければならない。同じ要請は屋久島以外の場所でも行われている。その意味では、環境保護のリテラシーについての要請も多元的に提示されているということができるだろう。

以下では、ここまでに述べた「社会システムとしてのリテラシー」という枠組みに依拠して、スポーツのリテラシーを検討する。包括的な議論を小論で取り上げることは難しいが、スポーツを「する」「見る」「ささえる」の観点からそれぞれ典型的なテーマを提示してみたい。

2　スポーツを「する」リテラシー

少なくとも日本においては、スポーツに関するリテラシー獲得の機会は、学校体育によって、「読み書き」と同程度にシステム的に供給されてきたということができる。その意味では、スポーツあるいはスポーツをすることについてのリテラシーの獲得について検討の必要が小さい、あるいはリテラシー概念の「拡張」の必要性もあまりないように思える。

しかし、就学年齢、少なくとも高校までは必修の体育によりスポーツの機会が提供されているのに対して、社会人への機会提供は少ない。高等教育も体育が必修でなくなって久しい。すなわち、スポーツをする機会を獲得することが難しいのだとすると、「スポーツをする機会を獲得する能力」を、スポーツをするリテラシーとして定義することに意味がある。

スポーツする機会を獲得し、スポーツを習慣としてするということは、ほとんどの場合、スポーツのクラブ（要は仲間組織）に所属することを意味している。市町村は施設を貸すが、借りているのはクラブである。民間のスポーツクラブやスクールは、仲間のいない人に対して、クラブという組織（と施設）を提供している。だから一人でも会員になれる。総合型も同じである。つまり、個人がスポーツ習慣を形成する過程というのは、その個人が、仲間組織に組み込まれていく過程でもあるのだ。したがって、スポーツするリテラシーを高めていくための社会システムとは、スポーツの仲間組織が数多く形成され、それらの指導者ないしマネジャー（もちろん同一人物でもよい）が、仲間を募ることな

のである。

○施設を持たない総合型地域スポーツクラブ

　このような組織は数多く存在し、行政、民間のスポーツクラブ、あるいは地域住民によるクラブ的な組織が勧誘や情報提供を行っている。すなわち、個人がスポーツする機会を獲得したいと思うなら、それを実現するための社会システムはすでに存在していると考えることもできる。しかし一方で、日本人のスポーツ実施率は趨勢として上昇しているものの、増分はウォーキングや散歩が中心であり、競技性のあるスポーツについては知られている通り実施率は横ばいである。この事実が示すのは、競技的なスポーツについては、それをする機会を獲得するための仕組みがもっと充実してもよいのではないかという点であろう。ではどうすればよいのか。提示してみたいと思うのは、「施設を持たない総合型地域スポーツクラブ」があり得るのではないかという仮説である。実際の総合型クラブでは、種目によっては公共施設等を借りて活動しているので部分的には実現されていることであるが、とはいえ総合型は何かしらのスポーツ施設やクラブ施設を持つことが前提になっている。したがってコストがかかり、実施種目も施設の制約を受けることになる。スポーツする機会を提供することのコア・プロダクトが「仲間組織（あるいはその情報）を提供」することであり、その手段として指導者やマネジャーがいるのだと考えると、総合型の使命は多種目で数多くの仲間組織を提供することである。極論すれば、ウェブ上に存在する総合型が多数あってよいのだろう。

3　スポーツを「支える」リテラシー

　「支える」で取り上げるのは、スポーツ組織、典型としては中央競技団体（以下 NGB：National Governing Body of Sport）である。とくにその経営層の人材配置について検討してみたい。

　経営層は具体的には理事会、また財団法人については評議員会も新公益法人制度の下では重要な経営上の役割を担っている。以下ではまず笹川スポーツ財団と筆者が共同で実施した「中央競技団体現況調査（2012年度）」の結果を紹介してみたい。なおこの調査の時点ではNGBは新公益法人に移行していない

ので、検討対象は理事会だけである。

　同調査では、種目横断型の統括団体である日本体育協会、日本オリンピック委員会、そして日本ワールドゲームズ協会（オリンピック種目以外の競技の世界大会を開催している）に加盟ないし準加盟している91団体のうち調査に協力した71団体の役職員の種別と人数を掲載しているが、これを見ると理事のうち常勤者は9.5％、実数で言うと1274人中121人で、1団体あたりでは2人未満なのである。またこの調査では、完全なフルタイムではない理事も常勤にカウントしてよいことにしている。それがNGBの実態だからである。したがって、フルタイムの常勤理事はさらに少ない。

　また、NGBでは委員会も一定の執行上の機能・役割を有する。その意味では経営層と考えてよい。非常勤の理事より、むしろ委員のほうが経営の執行については機能・役割が大きいと言ってよいだろう。そして、委員会に属する人々は大半が非常勤であり他に「本業」「本職」を持っている。

○**非常勤理事の合理性**

　例えば民間企業の経営層に関する常識からすると、このような経営体制は「あり得ない」ものに見えるだろう。しかしスポーツに限らず、公益法人では、代表理事がフルタイムでないことも多い。そして、このような一種「あり得ない」体制には、実は合理性がある。これを2つの観点から説明してみたい。

　第1は、経営に必要な専門的能力が多岐にわたるという点である。マネジメントという概念の言わば「開祖」であるP.ドラッカーは、マネジメントにはチームが必要であるという。経営者一人の知見では不足するということである。だから様々な職能や経験を有する人材のチームで経営を担う必要がある。

　この理由だけであれば、執行に携わる理事や委員が非常勤である理由を説明できない。民間企業のように、フルタイムで執行を担う人材を配置すればよい。しかしそうならないのは、コストの問題も重要なのだが、第2の観点としては、職能ごとの業務量が少ないことを挙げることができるだろう。

　例えば強化委員会は、男女、あるいは年齢といったカテゴリーごとの代表監督の選任を行うが、招集する選手を決めるのは監督である。強化費予算は理事会で決定され、その配分については強化委員会が決定ないし関与するが、このようにして決められた予算の執行を行うのは事務局と代表チームの主務であろ

う。他の委員会についても状況は変わらないと考えることができる。その意味では、理事や委員会は、経営、そしてその執行を目的とする意思決定に「専念」する。逆に言えば、実際の執行ないし運営にはほとんど関与しないのである。結果として経営層の業務量は少ないので、フルタイムである必要がない。フルタイムでなくてよいのだとすると、選任できる人材の候補者はよい意味で増える。フルタイムだとすると、すぐれた人材がいても、その人が他に仕事をしていれば選ぶことができない。すぐれた人材なら魅力のある仕事に就いている可能性が高いとすると、フルタイムで転職してもらうことは難しい。非常勤なら引き受けてもらえるだろう。

○ Pro Bono Publico

　ところで、NGBが非常勤の理事に委任できる条件は何かというと「委任するに足る人材が世の中に存在していること」である。これを、本稿の主題であるリテラシーの語を使って表現するなら「NGBが要請するリテラシーを有する人材が、社会に（潤沢に）存在すること」になる。これが意味するところは「NGBが一定の組織能力を保有する条件は、社会から適切な人材をパートタイムで確保すること」であるということになるのだろう。私自身、スポーツ団体の理事や委員長を務めて感じるのは、これらの役職は、経済的な対価という面では「割に合わない」ものだということである。一種のボランティアと言ってもよい。そういう仕事、というよりボランティアをしようという人は少なくないのでスポーツ団体は理事会を構成することができる。事例もスポーツに限らず多いので概念として定着していて、Pro Bono Publico、日本語では略してプロボノと呼ばれている。専門家が専門的な能力によって公益的な使命を遂行することを指す。スポーツの強化に関する専門的な能力ということもあれば、財務に関する能力ということもある。前述したとおり、経営に必要とされる能力は一人では担えないほど多様なので、様々な分野の専門家がスポーツ団体の経営や運営に寄与するということである。

　念のために言えば、あらゆるスポーツ団体が、このようなプロボノをうまく活用できているわけではない。例えば、日本の公益法人の役員選任では「有識者」あるいは「学識経験者」として理事が任命されることが一般的である。この区分で選任されている理事の本業は、大学や高校の教員である。しかし実際

には、任用されている「有識者」とは、大学や高校でその競技の指導をしている教員であることがほとんどである。本来「有識者」や「学識経験者」に求められるのは、その団体が「社会の公器」であることを理由として、団体の利害と無関係な、社会全般の見解を代表することであろう。しかし運用としてはそうなっておらず、この枠で選任される理事は一種の利害関係者なのである。

有識者や学識経験者という枠が必要かどうかは、団体のガバナンスの考え方による。比較のために、笹川スポーツ財団の「中央競技団体現況調査調査（2011）」から米国の陸上競技連盟の役員選任の制度と原理を示すなら、まず制度としては、競技の様々な「領域」…エリート強化、種目カテゴリー、若年層の育成、審判、そして現役選手など…から理事が選ばれていることが特徴である。有識者、学識経験者というカテゴリーはない。手順としては、それぞれの「領域」が理事選任委員会に対して理事候補を推薦する。選任される理事の多くは日本と同様に非常勤で、他に本業を持っている。仕組みとしては、団体の構成員の意見を反映して候補者が推薦され、その中で、良識的な判断を期待できる人材が選ばれている。そう考えるなら日本のように有識者が利害関係者であってもよいということになりそうだが、少なくとも日本の役員選任の理念はそうなっていないので、運用で理念を無視している状態だと言うことになるのだろう。この状態でよしとするなら、理念ないし少なくともその反映のしかたを変更する必要があるように思われるのである。

結論としては、NGBは、マネジメントに関わるリテラシー（組織能力）を社会システムに依存しているということである。ただし、すぐれた会社とそうでない会社があるのと同様、NGBと社会システムとの関係についても、すぐれた関係を形成できていて外部の能力を有効に活用できている事例と、そうでない事例とがあることは言うまでもない。

4　スポーツを見るリテラシー

最後に、スポーツを見るリテラシーについて。メディア・リテラシーについては概念として確立されているので、ここではメディア・リテラシー以外の観点からスポーツを「見るリテラシー」を検討してみたい。

状況として気になるのは、リテラシー以前の問題として、スポーツがあまり

テレビで見られなくなっているのではないかという点である。例外もあって、例えばサッカーのワールドカップであれば、日本代表の試合の中継は視聴率が高い。しかし、プロ野球の視聴率は趨勢的に低下している。プロサッカーは現在放送の中心が有料放送であり視聴率がわからないが、有料契約件数は50万件程度と見られる。日本の世帯数の1％弱なので、契約者が皆試合をテレビで見たとしても、視聴率は1％に達しない。またリーグ戦は1節に1試合は無料放送で放映されるが、その視聴率は「1桁の前半」であると言われる。5％未満ということである。これでは無料放送のテレビ局はプライムタイムに放送することができない。

とはいえ、プロ野球やプロサッカーはまだいいほうなのかもしれない。これ以外の競技は、プロゴルフを除くとほとんど無料放送で見ることができない。ではプロゴルフは安泰かと言うとそうでもなくて、とくに男子は試合数が少なくなっている。

○**リテラシー形成主体としてのメディア**
　スポーツがテレビのコンテンツとして人気が低下している理由については、いろいろなことを考えることができるだろうが、ここで検討しておきたいのは「見るリテラシーの低下」である。では、見るリテラシーとは何かというと、その競技、あるいはリーグ、チーム、選手に関する知識が構成要素として重要であろう。このような知識が提供されていない、関心を持たれないことが、見るリテラシーの低下を生む。関心を持つかどうかを考えると議論が拡散するので、ここで提示してみたいのは、リテラシー形成の「よすが」となるような情報が提供されているかどうかという点である。リテラシーが形成されていないと、テレビを見ても面白くない。

　またメディア・リテラシーという場合には、視聴者や読者はメディアに対して距離を置き、批判的であることが重要なのだが、スポーツを見るリテラシーについては、リテラシーを高める社会システムとは情報提供者であるメディアそのものである。そうだとすると、スポーツを見るリテラシーとは、メディアが提供する情報を視聴者が無批判に受け止めることに読めてしまいそうだが、実際にはそんなことはない。視聴者、読者は、メディアに対してというよりスポーツそのものに対して批判的なのである。

終章

○ 権威のないコンテンツ

　チョムスキー（解説するまでもないが、世界的な言語学者である。最近は政治に対する発言も多い）がプロスポーツについて「専門家の権威が確立されていない」ことを指摘している。彼の念頭にあるのは米国の4大スポーツなのだろうと思う。権威が弱いのは、「よく負ける」からである。中には強いチームもあってリーグ優勝するが、それでも3割くらいは負ける。サッカーのワールドカップは決勝はトーナメント方式なので、出場32ヵ国の代表のうち、31が敗北して終わる。オリンピックでも、メダルをとる選手やチームはごく一部である。これに対して、国立や県立の美術館の展示物の4割が駄作ということはないし、村上春樹の小説、スタジオジブリのアニメ映画も同じである。ヨーヨー・マのチェロでもよいし、AKB48の新作CDでもよい。評価は人によって分かれるだろうが、つねに優れている…ことになっていて、AKB48以外については芸術家には権威がある。

　このように、スポーツはかなり高い確率で負けるので、専門家、つまり選手や指揮官が批判されやすい。批判するのはスポーツ評論家や読者、視聴者である。ただし、たくさん負けてもファンの多いチームもあるのが、他の分野と大きく違う点であると言えるだろう。最近は一つのジャンルに詳しいとオタクと呼ばれてあまり評価されないのだが、かつての居酒屋のプロ野球談議はそのころの表現を使えば「一億総野球評論家」で、今はそういう人々が少なくなってしまったように思える。評論家であること、あるいは批判とは情報の生産であり、それができるのは、リテラシーの高い状態であると言ってよい。

　従来型の一方向のメディアだけを前提とするなら、テレビや新聞に載らない、つまり一次情報の少ないスポーツは批判や評論の素材が少ないのでリテラシーを持つ人が増えるとは考えにくい。これがSNSやインターネット放送で変わるのかというのは関心の高いテーマだが、今のところ「ブレイク」したものがないことも事実である。

○ 地域密着とリテラシーの細分化

　つぎの観点は例から始めてみたい。私は都内在住で、毎朝配達される新聞は全国紙2紙の東京版なのだが、この2紙のスポーツ欄を見ると、プロ野球の見出しは、選手（ときどき監督）の個人名であることが多い。これに対してプロ

サッカーのほうは、見出しのほとんどがチーム名なのである。ある日の朝刊ではその下に「香川　出場せず」という見出しがあった。マンチェスター・ユナイテッドに残留するのか、できるのかが話題になっていた時期で、香川であれば出なくても見出しになる。

　おそらくサッカーについては、地方紙では取り扱いが異なる。例えば山梨日日新聞なら、リーグ戦翌日の1面はヴァンフォーレ甲府であり、選手や監督がどうしたか、何を語ったかが他のページを含め詳細に掲載されている。リーグ戦当日の朝刊1面がヴァンフォーレ甲府ということもあるのだろう。サッカーはJ1だけで18チームあり、1日の試合数は9試合である。プロ野球は6試合しかない。だから全国紙の東京版は、サッカーの1試合当たりの紙面が小さくなる。1都3県だけでもJ1、J2あわせて9チームあって、そのうち常時4～6がJ1なので、焦点も定まりにくいのかもしれないが、ここに見られる現象は、サッカー・リテラシーの、地域による細分化であろう。これは日本だけの現象ではない。欧州を例にとれば、1紙で数百万部発行される新聞がある国がそもそもない。メディアには地域性があって、サッカーチームも同様なのである。地方紙によって記事の内容がほとんど変わらないのはおそらく大相撲（もちろん、地元出身力士の取り扱いは大きいだろうが）で、地域性が強いのがサッカー、中間がプロ野球だろうか。

　サッカーはプロスポーツとして発展し、地域を基盤としてチーム数を拡大してきた。これ自体は成功である。逆説的だが、しかしこのようにして成功したことによって、プロサッカーを見るリテラシーは地域ごとに細分化されてしまったのである。そしてその結果として、プロサッカーのリーグ戦は全国メディアには不向きなコンテンツになってしまったのではないか。

【参考文献】
チョムスキー．N.「見るスポーツ」はどんな役割を果たしているか．翻訳：寺島隆吉＋寺島美紀子，公開2004年8月30日，http://terasima.gooside.com/article1sports2spectaor3translation.html．2014年10月18日取得
工藤庸子，近代ヨーロッパ宗教文化論，東京大学出版会，2013．
（公財）笹川スポーツ財団，武藤泰明，中央競技団体現況調査2011，同財団，2012．
（公財）笹川スポーツ財団，武藤泰明，三浦一輝，中央競技団体現況調査2012，同財団，2013．

執筆者一覧

町田　光（公益財団法人日本フラッグフットボール協会専務理事）［編集代表］
渋谷茂樹（笹川スポーツ財団）
日置貴之（H.C. 栃木日光アイスバックス最高執行責任者）
伊藤宏一（千葉商科大学）
光武誠吾（早稲田大学スポーツ科学研究センター招聘研究員）
市橋秀夫（埼玉大学）
佐野慎輔（産経新聞社）
坂田信久（元日本テレビプロデューサー）
松岡宏高（早稲田大学）
福田裕大（近畿大学）
鷲崎早雄（静岡産業大学）
武藤泰明（早稲田大学）［研究会代表世話人］

本書は制作費の一部について、早稲田大学総合研究機構からの補助を得て刊行しました。

スポーツリテラシー

2015年3月5日　第1刷発行

編　者	早稲田大学スポーツナレッジ研究会	
発行者	鴨門裕明	
発行所	㈲創文企画	
	〒101-0061　東京都千代田区三崎町3－10－16　田島ビル2F	
	TEL：03-6261-2855　FAX：03-6261-2856　http://www.soubun-kikaku.co.jp	
装　丁	村松道代（Two Three）	
印刷・製本	壮光舎印刷㈱	

©2015 早稲田大学スポーツナレッジ研究会　　ISBN978-4-86413-060-8　　Printed in Japan